晚清民国時期中国名勝古蹟圖集

晚清民国时期中国名胜古迹图集

CHINESE HISTORICAL SITES OF THE LATE QING DYNASTY AND THE REPUBLIC OF CHINA

第拾卷

全本精装版

VOLUME 10

GUANGYUAN CITY OF SICHUAN PROVINCE
JIANZHOU COUNTY OF SICHUAN PROVINCE
EMEI MOUNTAIN OF SICHUAN PROVINCE
CHENGDU CITY OF SICHUAN PROVINCE
WANXIAN COUNTY OF SICHUAN PROVINCE
JIADING COUNTY OF SICHUAN PROVINCE
WUSHAN MOUNTAIN OF SICHUAN PROVINCE

YICHANG CITY OF HUBEI PROVINCE
JINGZHOU CITY OF HUBEI PROVINCE
DANGYANG CITY OF HUBEI PROVINCE
HANKOU CITY OF HUBEI PROVINCE
HANYANG CITY OF HUBEI PROVINCE
WUCHANG CITY OF HUBEI PROVINCE
HUANGMEI COUNTY OF HUBEI PROVINCE
SIZU MOUNTAIN OF HUBEI PROVINCE
WUZU MOUNTAIN OF HUBEI PROVINCE

LUSHAN MOUNTAIN OF JIANGXI PROVINCE
JIUJIANG CITY OF JIANGXI PROVINCE
NANCHANG CITY OF JIANGXI PROVINCE
ANQING CITY OF ANHUI PROVINCE
JIUHUA MOUNTAIN OF ANHUI PROVINCE
HUANGSHAN MOUNTAIN OF ANHUI PROVINCE

NANJING CITY OF JIANGSU PROVINCE
NIUSHOU MOUNTAIN OF JIANGSU PROVINCE
ZUTANG MOUNTAIN OF JIANGSU PROVINCE
SHESHAN MOUNTAIN OF JIANGSU PROVINCE
YANGZHOU CITY OF JIANGSU PROVINCE

四川广元 四川剑州 □
四川峨眉山 四川成都 四川万县
四川嘉定 四川巫山
湖北宜昌 湖北荆州 湖北当阳 □
湖北汉口 湖北汉阳 湖北武昌
湖北黄梅 湖北四祖山 湖北五祖山
江西庐山 江西九江 江西南昌 □
安徽安庆 安徽九华山 安徽黄山
江苏南京 江苏牛首山
江苏祖堂山 江苏摄山 江苏扬州

[日] 常盘大定 关野贞 著
郭举昆 译

图书在版编目（CIP）数据

晚清民国时期中国名胜古迹图集：全本精装版．第十卷 /（日）常盘大定，（日）关野贞著；郭举昆译．-- 北京：中国画报出版社，2019.6（2024.7重印）
ISBN 978-7-5146-1726-9

Ⅰ．①晚… Ⅱ．①常… ②关… ③郭… Ⅲ．①名胜古迹－中国－近现代－图集 Ⅳ．①K928.70-64

中国版本图书馆CIP数据核字(2019)第049258号

晚清民国时期中国名胜古迹图集（全本精装版） 第十卷

[日] 常盘大定 关野贞 著 郭举昆 译

“十三五”国家重点图书出版规划
国家出版基金资助项目

策　　划：于九涛
项目主持：于九涛 齐丽华
本卷主编：张明杰
校　　译：佟 一
责任编辑：李 媛
封面设计：郑建军
责任印制：焦 洋

出版发行：中国画报出版社
地　　址：中国北京市海淀区车公庄西路33号 邮编：100048
发 行 部：010-88417418 010-68414683（传真）
总编室兼传真：010-88417359 版权部：010-88417359

开　　本：16开（889mm×1194mm）
印　　张：19.5
字　　数：100千字
版　　次：2019年6月第1版 2024年7月第3次印刷
印　　刷：三河市金兆印刷装订有限公司
书　　号：ISBN 978-7-5146-1726-9
定　　价：1980.00元（全十二卷）

作　者

常盘大定 (1870—1945)

日本宫城县人，研究中国佛教之学者。历任日本真宗中学、天台宗大学、日莲宗大学、真宗大学、丰山大学、东京大学等校教师。1920年以后五次来华，研究敦煌、云冈、龙门诸石窟及房山石经等佛教史迹。主要著作有《印度文明史》、《释迦牟尼传》、《中国佛教史迹》、《中国佛教史迹英文评解》五册(与关野贞合著)、《中国文化史迹》十二册(与关野贞合著)等。

关 野 贞 (1868—1935)

日本近代著名建筑史研究家，生前为东京大学工学部建筑学科教授。不仅在日本建筑史方面造诣很深，而且在中国、朝鲜等国的建筑与美术史研究界也享有盛名。曾多次到中国、朝鲜及印度等国实地考察，撰写了一批影响深远的考察报告和学术论著。主要著作有《日本的建筑与艺术》、《朝鲜的建筑与艺术》、《中国的建筑与艺术》、《中国文化史迹》十二册(与常盘大定合著)等。

译　者

郭举昆

重庆师范大学外国语学院教授、硕导、日语系主任。1989年毕业于北京外国语学院日本学研究中心语言文学专业，获文学硕士学位。曾参加《近代日本人中国游记》丛书的翻译工作，2007年出版译著《横跨中国大陆——游蜀杂俎》。

目录

CONTENTS

广元 GUANGYUAN CITY OF SICHUAN PROVINCE

剑州 JIANZHOU COUNTY OF SICHUAN PROVINCE

峨眉山 EMEI MOUNTAIN OF SICHUAN PROVINCE

成都 CHENGDU CITY OF SICHUAN PROVINCE

万县 WANXIAN COUNTY OF SICHUAN PROVINCE

嘉定 JIADING COUNTY OF SICHUAN PROVINCE

巫山 WUSHAN MOUNTAIN OF SICHUAN PROVINCE

四川广元　四川剑州
四川峨眉山　四川成都　四川万县
四川嘉定　四川巫山
湖北宜昌　湖北荆州　湖北当阳
湖北汉口　湖北汉阳　湖北武昌
湖北黄梅　湖北四祖山　湖北五祖山
江西庐山　江西九江　江西南昌
安徽安庆　安徽九华山　安徽黄山
江苏南京　江苏牛首山
江苏祖堂山　江苏摄山　江苏扬州

GUANGYUAN CITY OF SICHUAN PROVINCE
JIANZHOU COUNTY OF SICHUAN PROVINCE
EMEI MOUNTAIN OF SICHUAN PROVINCE
CHENGDU CITY OF SICHUAN PROVINCE
WANXIAN COUNTY OF SICHUAN PROVINCE
JIADING COUNTY OF SICHUAN PROVINCE
WUSHAN MOUNTAIN OF SICHUAN PROVINCE

YICHANG CITY OF HUBEI PROVINCE
JINGZHOU CITY OF HUBEI PROVINCE
DANGYANG CITY OF HUBEI PROVINCE
HANKOU CITY OF HUBEI PROVINCE
HANYANG CITY OF HUBEI PROVINCE
WUCHANG CITY OF HUBEI PROVINCE
HUANGMEI COUNTY OF HUBEI PROVINCE
SIZU MOUNTAIN OF HUBEI PROVINCE
WUZU MOUNTAIN OF HUBEI PROVINCE

LUSHAN MOUNTAIN OF JIANGXI PROVINCE
JIUJIANG CITY OF JIANGXI PROVINCE
NANCHANG CITY OF JIANGXI PROVINCE
ANQING CITY OF ANHUI PROVINCE
JIUHUA MOUNTAIN OF ANHUI PROVINCE
HUANGSHAN MOUNTAIN OF ANHUI PROVINCE

NANJING CITY OF JIANGSU PROVINCE
NIUSHOU MOUNTAIN OF JIANGSU PROVINCE
ZUTANG MOUNTAIN OF JIANGSU PROVINCE
SHESHAN MOUNTAIN OF JIANGSU PROVINCE
YANGZHOU CITY OF JIANGSU PROVINCE

四川广元

皇泽寺

关于皇泽寺，乾隆二十二年（1757）张赓谟、应德偘等编纂的《广元县志》卷三载：

县西一里，江之西崖有皇泽寺，寺内有武则天石像，是一比丘尼。唐武士彟镇利州，生则天。时袁天罡至朝天阁，望见利州路有王气。至则王气在武府。谒士彟曰："公得贵嗣，请视之。"士彟曰："女也。"袁曰："龙眉凤目，异日当为天子。"武后秉政，建皇泽寺。至今乡号则天。或曰，寺已前有，则天修复，更名皇泽。

1902年9月至12月期间，伊东忠太博士路经此地。据他的记录，皇泽寺与广元县隔嘉陵江相望。其建造手法与龙门及千佛崖完全相同，无疑为唐代所建。据传，这里是武则天的故乡，皇泽寺为武后所创。寺中有四大金刚，有佛祖龛，表现手法均体现了唐代之美。

佛祖龛内刻有后魏式佛像、高栏及天盖等，较之日本法隆寺式样，别有意趣。（常盘大定 文）

千佛崖

千佛崖在广元县北十里，佛像刻于嘉陵江绝壁之上。乾隆二十二年（1757）张赓谟、应德偘等修《广元县志》载：

千佛岩，在县北十里。江东即石柜阁也。峭壁千仞，逼临大江。杜诗云："石柜层波上，临虚荡高壁。"先是悬岩架木，作栈而行。唐韦抗凿石为路，并凿千佛，遂成通衢。

千佛崖乃洛阳龙门的缩小版。始建于唐代，有后世增补的痕迹。既有唐代以后的表现形式，又有后魏和隋代的表现手法。

佛像的形式分为三种。第一种是日本的鸟佛师式，即所谓的六朝式；第二种是日本法隆寺的壁画式，颜广眼细，颐骨突起；第三种是日本天平盛时的形式，脸颊丰满圆润，面容温和。由此观之，魏代的表现手法进入隋唐后尚未消失，依然盛行于世。石窟中刻的年号，主要有唐代的元和（806—820）、大中（847—859）、广明（880—881）、咸平（998—1003）和宋代的天圣九年（1031）、元祐（1086—1093）、元符（1098—1100）、绍兴（1131—1162）等。

大石窟中有一石碑，题"大云寺"，有年月"嘉祐庚子（1060）九月"，碑冠上的龙呈奇绝之态。

以狮子座上的释尊结跏趺坐像为中心，左右各设一罗汉、一菩萨、一天王、一狮子，在迦叶背后，有一座三头六臂神像。此神，一臂托日、一臂托月。这种配置在龙门石窟中亦可见到，在对龙门进行充分研究之后再研究此千佛崖是非常有趣的事情。以上内容来源于1902年9月至12月期间路过此地的伊东忠太教授的记录。

关于龙门阁，《广元县志》卷二有如下记载：旧传，县北十里千佛崖为龙门阁。盖以《一统志》云，龙门阁在嘉陵江东岸，可见其尚不知今龙洞背即其地也。查龙洞背，危栈盘空，逼临潜水，去嘉陵江，地不远。潜水穿洞中即出，绕山入嘉陵江合流。因在其东，指称东岸，遂以沿误矣。按《方舆胜览》，自城北至大安军界，桥阁共一万五千三百六十间，唯石柜、龙门二阁著名。千佛岩即石柜阁也。而龙门的"门"字乃指龙洞门。且陈子昂的龙门阁诗中有云："流水无昼夜，喷薄龙门中"，已可概见。又按《元和郡县图志》，龙门山在县东北八十二里，一名葱岭山。《梁州志》云：葱岭有石穴，高数十丈，其状如门，号曰"龙门"。即今龙洞也，阁即其背上的栈阁也。旧志又云：龙门阁石壁斗立，危险不易登。龙门阁乃今龙洞背阁则明。云云。

同书又就"大云千佛"云："即千佛岩。县北十里，西滨汉水。崖侧有大云寺，基址剥落，刻像犹存。"云云。（图1、图2、图3-1、图3-2）（常盘大定 文）

图 1・千佛崖・前景

图 2・千佛崖・造像・一部分

图 3-1 · 千佛崖 · 造像 · 三尊佛

图 3-2・千佛崖・造像・罗汉・菩萨・天王・力士・塔等

四川剑州

重阳亭

重阳亭与剑州一河之隔，凿岩石雕刻佛像，为唐代的遗迹，有大中八年（1015）唐李商隐撰《剑州重阳亭铭》碑和治平丁未（1067）宋吴师孟撰《剑州重阳亭记》碑。另有颜真卿书碑，上元二年（761）撰，大历六年（771）刻，碑文以安禄山之乱为序，可见"天宝十四年（755），安禄山陷洛阳，明年陷长安"等文字。石窟入口处的左右，石壁相对，其上的薄肉雕四天王最引人注目。脚踏邪鬼的天部造型，与日本天平式、药师式，及法隆式均有类似之处，堪称罕世之作。令人遗憾的是，有人铲掉古碑文，再刻新字，并对古像改造翻新。此等现象随处可见，本意是修补，实则为破坏，在不远的将来，此等作品恐将被彻底抹杀。以上内容来源于 1902 年 9 月至 12 月期间探访过此地的伊东忠太博士的记录。

嘉庆二十一年（1816）清·常明、杨芳灿等编辑的《四川通志》卷五十一就重阳亭有如下记载：在州剑门驿东鸣鹤山上，唐刺史蒋侑建，李商隐作铭。宋治平中，太守张颂重修。元末毁，明正德中，知州李璧再建，今圮。云云。《四川通志》在这段记载后附载了李商隐及吴师孟的碑文。（图 4-1、图 4-2）（常盘大定 文）

图 4-1 · 重阳亭 · 造像 · 天部像

图 4-2・重阳亭・造像・天部像・一部分

四川峨眉山

位于四川省西部的金沙江、雅砻江及其支流横贯之地，有数条南北走向的大山脉与河流平行。最东边的一列山脉有一支脉，朝东延伸，沿大渡河北岸向嘉定府边突起，其端头有一峻峰高耸入云，这便是峨眉山。其最高峰称大峨山，位于峨眉县城西南一百二十里。次高峰名二峨山，位于大峨山东百里处。第三高峰名三峨山，在二峨山东十里。次之的山峰名四峨山，在峨眉县西二十里。其高度，大峨山海拔测定为一万一千一百尺，二峨山八千五百尺，三峨山八千尺，四峨山六千尺左右。其山形，大峨山南、东两面，绝壁约四五千尺，是举世无双的巨大悬崖；西面舒缓倾斜，北面峰峦叠嶂。自古以来被称为普贤菩萨的净土，与南海的普陀山、山西的五台山并称为三大灵山。

峨眉县城至大峨绝顶，沿途设置寺院，近者相隔仅数十步，远者也在一二里之间。每年夏季登山者达数十万之众。

出县城三里许有兴圣寺。前行不远，有圆通寺，有了宝楼。六里处有圣积寺，寺内有一铜塔，名万佛塔，其上刻有千尊佛。前行至十五里处，始进入山路，此处有报国寺。自此进山，树木郁生，极其险峻。十八里处有伏虎寺，该寺作为峨眉山的山寺，规模最为雄伟。先进门过虎溪桥，迂回前行抵达牌楼。其内有普贤殿，殿前有一郭，是峨眉山常见的建筑格局，即在寺院中央设中庭，佛殿和僧房等环绕周围。伏虎寺的中庭前部有中央弥勒殿，左右是客房；后部有大雄宝殿，左右为东西官房。规模虽大，但建筑粗糙，用山中生长的冷杉造就，式样千篇一律。

二十三里处有雷音寺，中庭前是斋堂，后有观音殿，左右为大佛殿。

二十六里处有华岩寺，由天王殿和普贤殿组成。

二十九里处有纯阳宫，属于道观。中庭前有三官殿，祭奉天、地、水三官。后有普贤殿，其后稍远处有大雄宝殿，安置着释迦和十八罗汉。宝殿后有纯阳殿。中庭的左侧有送子殿，右侧有斋堂。送子殿中祭奉金霄、银霄和玉霄，楼上祭奉太子菩萨。

三十三里处有大峨寺，该寺规模庞大，由前后两郭构成。前郭，中庭的前方是天王殿，后方是大雄殿；后郭，前方是三教殿，后方是普贤殿。天王殿安置四天王，楼上祭祀玉皇。四天王是喇嘛教式，普贤殿内的普贤面带老爷相。大峨寺东有神水阁相邻，阁前有破损石幢一基。

三十七里处有中峰寺，内取中庭两个，规模完备。天王殿前有燃灯佛，双手合十，持有一灯，其额头、腹部、下臂、上臂、膝盖、趾甲处都有可供点灯的小莲台。

三十八里处有观音寺。

四十里处有龙升岗，中庭前方是大佛殿，后方为观音殿。释迦佛前有燃灯佛，观音左右有文殊和普贤菩萨。

四十四里处是广福寺，有两个中庭，形如中峰寺。天王殿前有一殿，称新楼，又名三官殿。

四十五里处有清音阁，位于两条溪流的汇合处，可闻潺潺流水声，故名。中庭里，前有观音殿，后有大雄宝殿，左右是客堂。上山的路从此愈发险峻，倾斜三四十度，有时高达四十五度。山路皆用石板铺就，溪谷深不见底，只闻幽幽溪水声。

四十七里处有白龙洞，穿过山门，来到一方形的院落，中庭的前方有普贤殿，后方有大雄宝殿。

四十八里处有金龙寺，中庭的后方是普贤殿。

五十里处有万年寺，(图7-2) 有两个中庭，是峨眉山中设计最为出彩的建筑。佛龛、门窗等色彩丰富，院落后面还有一寺。本殿称万年砖殿，殿中央有一高三丈许的普贤骑象铜像，周围的墙壁表面嵌小型壁龛，内置佛像。殿后另有一寺，名古白水寺。中庭的前方是新殿 (天王殿)，后方是大雄殿。新殿内的韦驮天像乃精巧之作，本殿内有宝箧印塔式的舍利石塔。

海会堂在万年寺左侧，一名慈寿庵，有丁云鹏绘列代祖师像八十八幅，还藏有佛牙具。

《四川通志》载：万年寺在峨山，清朝康熙四年（1665），巡抚张德地重修。文后附载张德地《重修万年寺碑记》。张在碑记中说：我一度登眺，所历诸刹名胜，多为新建，独光相、万年二寺为普贤大士现光之所。乃至唐，慧通禅师创建，至宋，敕赐普贤寺一名。明万历，又改为圣寿万年寺。原建有藏经阁，旋螺砖殿，坚致绝伦，巍峨壮丽甲天下。内有铜铸骑象一尊，高二丈，其前为毗卢殿。阖寺之主实为普贤，安能任其颓废不予修葺？云云。

《四川通志》载：白水普贤寺在大峨山。昔蒲氏事佛旧址，乃晋时所创。唐称慧通禅院，宋为白水普贤寺，明万历间敕改圣寿万年寺。寺前有大峨楼，楼前有南戒名宗坊，左竖“只树林坊”。寺内殿凡七层，一毗卢，一七佛，一天王，一金刚，一大佛，一砖砌旋螺，中用铜铸普贤丈六金身骑象像。有接引殿。文后附载《峨眉山志》、《名胜志》、宋范成大记、明袁子让记、范汝梓记、宋苏轼诗、范成大白水寺净光轩诗、明方孝孺诗、安磐诗、清僧福诗等文献。

五十五里处有观心寺，财神殿与大雄殿隔中庭前后相对。

六十里处有息心所，中庭前后有弥勒殿和普贤殿。

六十五里处有长老坪，中庭前后有普贤殿和大雄殿，左有尊客寮，右有观堂。普贤殿内，中央有普贤菩萨的跏趺像，左右有童子，前有燃灯佛，后有韦驮天。大雄宝殿内有十八罗汉在释迦三尊左右。

六十八里处有初殿。据传是开山之初修建的殿堂。中庭的前方是财神殿，后方是凿井堂，堂内安置释迦、文殊和普贤。由此往前，山路更加险峻。

至七十二里处到华岩顶，中庭前后有财神殿和大雄宝殿。

至七十六里处到莲华石，中庭的前方有普贤殿，深处有观堂，左配客堂，右设大雄殿。

至八十里处到达洗象池，这是峨眉山中第一巨刹。相传普贤菩萨路过此地时给大象洗过脚，故而得名。洗象的水池至今犹存。寺内有一墓标，可能与五轮塔有关。自此，前行的道路愈加险恶，随处可见冻冰。

八十四里处有大乘寺，中庭前后有财神殿和大雄宝殿。

八十八里处是白云寺，中庭前后有祖师殿（图 7-1）和大雄宝殿。祖师殿祭祀白云祖师。

道路由此舒缓平坦。路在山脊上，左右两侧是万仞绝壁。

九十一里处是雷洞坪，寺庙立于大悬崖之上，财神殿与通明殿（大雄宝殿）隔中庭相对。

九十四里处有接引殿，中庭前后设置接引殿和大雄宝殿，右置斋堂，大雄宝殿的左右设方丈。

至九十九里处抵达太子坪，进入山门可见大雄宝殿。

百里处有永庆寺，中庭前后有观音殿和大雄宝殿，右侧有观音堂，供奉的是六臂如意轮观音。

百一里处有沉香塔。中庭前方是观音殿，后方是普贤殿。观音殿内，正面置观音像，背面有文殊像。文殊像为优秀之作，普贤殿内的骑象普贤铜像亦为杰作。

再行半里路，至天门石。财神殿和玉皇殿二宇分处两地，玉皇殿的西侧有灵祖殿。

再行一里至七天桥，中庭前后有财神殿和普贤殿。

百三里处是普贤道场，建筑格局与七天桥相同。

百四里处有锦瓦殿，田字形设计，深处有普贤殿。

再行半里路，抵达金顶。（图 5-1、图 5-2、图 6-1、图 6-2）此处是大峨山的绝顶，庙宇建于东侧绝壁之上。中庭前方有观音殿，深处有大雄宝殿，其后有金顶正殿。正殿后方建数尺宽过道，过道的一侧以石栅栏围绕，栅栏外乃悬崖绝壁。以石栅栏为救命绳，靠在其上俯瞰山下，任何人都会头晕目眩。绝壁高四千余尺，深邃幽然，不见其底。从金顶环顾四方，景色极为宏大。西南方有千佛顶及万佛顶。

嘉庆年间编辑的《四川通志》卷四十一“嘉定府峨眉县”条下载：光相寺在大峨峰顶，即普光殿，有藏经阁。文后附载《方舆胜览》、《峨眉山志》、宋范成大行记、明陈文烛游记、蜀藩峰顶铜碑记、傅光宅金记、王毓宗新建铜殿记、清张德地重修光相寺碑记、范成大诗并序、明方孝孺诗等。

在妙趣横生的中国旅行中，爬峨眉山尤其令人回味无穷，它足以使人品味脱胎换骨、羽化成仙之感觉。至于山上的建筑，既无美学价值，又无历史性意义。其设计多为口字形，通常的格局是，前为普贤殿，内置普贤像；后为大雄宝殿，内置释迦像；大多情况下，左右两侧，右为斋堂或仓库，左为客堂。客堂多为前殿的一部分，方丈为后殿的一部分。寺院大多没有山门，也缺少鼓楼、钟楼、天王殿等建筑，因此，不具备完整的寺院格局。佛像设置总少不了释迦和普贤。释迦有单独安放的，也有在其左右配置了文殊和普贤的；普贤既有单独安置在前殿的，也有和释迦一起安放在后殿的。普贤像有骑象的，有不骑象的，也有像老爷的。前殿往往祭祀财神，也有安置燃灯佛的，还有安放弥勒、观音、韦驮天、二十四天、十八罗汉、阿弥陀佛的。

以上记述是根据伊东忠太博士的记事加上《四川通志》的记载归纳而成的。伊东博士 1902 年 11 月 17 日开始登山，往返六天。据他说，在三年多的世界旅行中，峨眉山之旅是最愉快的经历之一。他说，返回峨眉县后，遥望大峨山，不禁产生了一种感觉，仿佛从云烟缥缈的金顶乘上紫云，在香风吹拂下，降临人间。（常盘大定 文）

正頂金殿
青雲繚繞七重天。頂上佛光圓。身燈相萃禮普賢。鐘声响玉泉。垂寶蓋。擁金蓮。象嶺月無邊。銀色界開蜀國前。撓雨灑珠煙。
時辛巳仲
佛光
金剛台
觀光台
普賢峯
寶掌峯
聖鍾峯
十七峯
白云峯
石笋峯
玉柱峯
蓮花峯
寶剎峯
呼應峯
天柱峯
玉女峯
二峩山
三峩山
峩眉雪
仙人面
觀音峯
華嚴坪
洞
長壽坡
力老洞
蓮花石
大坪
仙峯寺
天門石
鑽天坡
洪椿坪
大峩寺
中峯寺
觀音寺
神水閣
華嚴寺
伏虎寺
關帝廟
報國寺
解脫坡
純陽殿
五十三步
慈聖寺

(伊東忠太博士蒐集)

四川大峨眉山全图(伊东忠太博士收集)

图 5-1・峨眉山・金顶

图 5-2・峨眉山・金顶

图 6-1 · 峨眉山 · 金顶 · 铜牌

图 6-2・峨眉山・金顶・礼拜

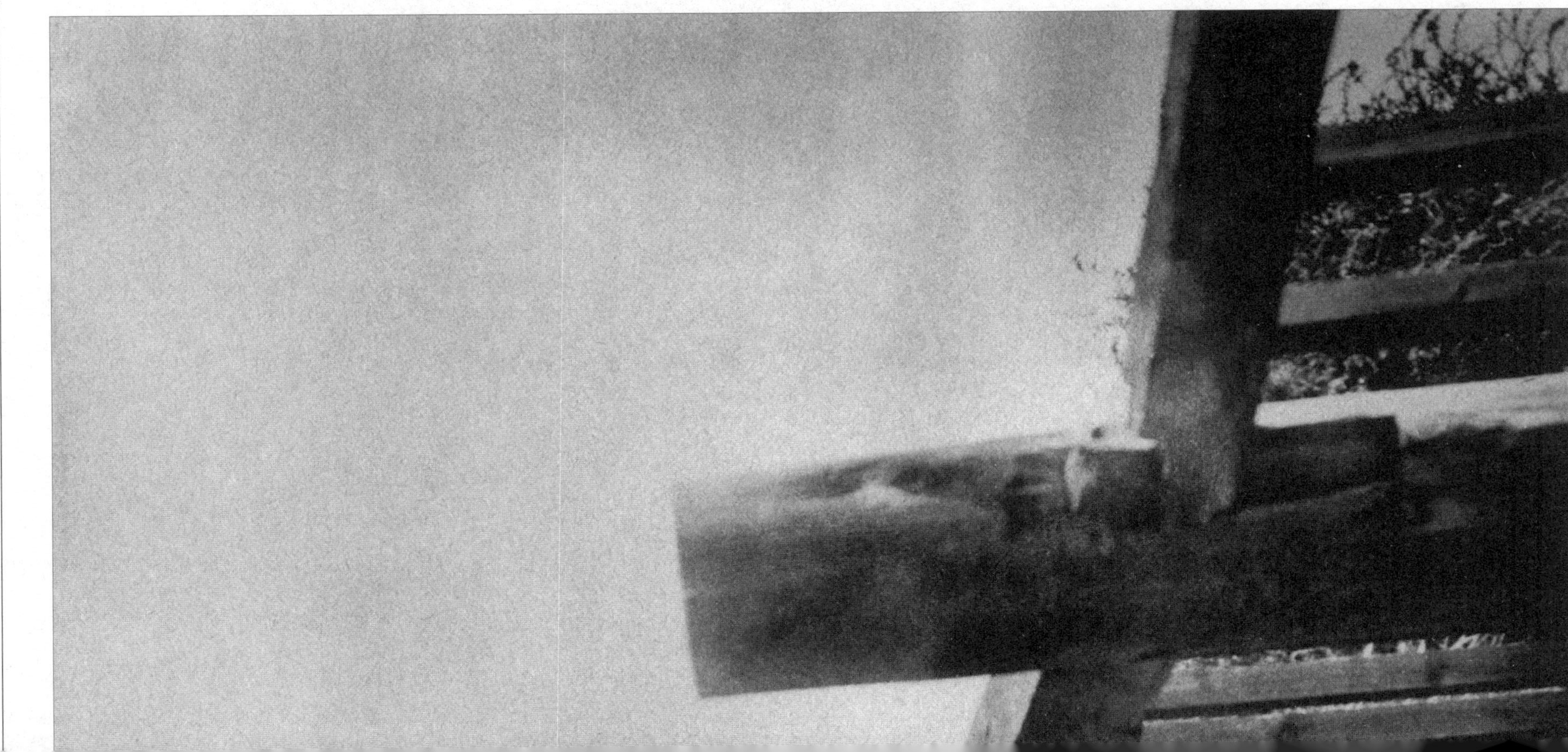

图 7-2・峨眉山・万年寺

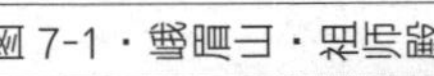

图 7-1・峨眉山・祖师殿

四川成都

武侯祠

四川省成都城南有武侯祠及昭烈庙。祠和庙在同一院内，院内树木繁茂，水榭亭台错落其间，宛如公园一般。(图 8-1)

昭烈庙其建筑虽不壮观，但庭院树林搭配协调，别有一番美感。庙殿内的神位配置如下：以昭烈为中心，左右是关羽和张飞，其对面的左侧为赵云、孙乾、张翼、马超、王平、姜维、黄忠、廖化、向宠、傅佥、马忠、张嶷、张南、冯习等塑像十四座，右侧为庞统、简雍、吕凯、傅彤、费祎、董和、邓芝、陈震、蒋琬、董允、秦宓、杨洪、马良、程畿等塑像十四座。玄德塑像旁放置苗族特有的铜鼓。

后殿，即武侯祠，内有孔明及其儿孙的塑像。别处，有玄德的陵墓，其造型似一巨大的土馒头。

以上来源于 1902 年 11 月来此一游的伊东博士的记事。

嘉庆《四川通志》卷三十四记曰：武侯祠在城南，与昭烈合祀，乃一庙也。一说在城北。文后附载唐裴度碑记、吕温碑记、孙樵序、金儁记等。(常盘大定 文)

孔明祠在成都北面还有一个，位于弥牟镇，从四十里外的新都县再前行二十里。祠堂内整齐地排列着刘备、孔明、五虎将军、姜维、马岱、王平、廖化、张翼、秦宓等数十座塑像。

此地有所谓的八阵图，由直径二三间、高五尺许大小的土垒排列而成。竹添井井园在其纪行中说总共有七十一垒，据推测，可能是土坟。县志中有八阵图的说明。据说有北方天覆阵、南方地载阵、东方风扬阵、西方云垂阵、西北龙飞阵、东南虎翼阵、西南鸟翔阵、东北蛇蟠阵等八阵，是将天前冲、天后冲、地前冲、地后冲、天冲、地轴风云等队列与三十二个点连接而成的阵形。1902 年 10 月，来此地游访的伊东忠太博士有如上记述。

嘉庆《四川通志》卷三十六“夔州府奉节县”条下载：“武侯庙在府治八阵台下，宋王十朋移建于此，内有开济堂。”文后附记宋张震记、唐杜甫诗《古柏行》、雍陶古柏诗、宋王十朋诗、张瓒诗等。(常盘大定 文)

泸州亦有武侯祠。图 8-2 是在该祠前拍摄的照片，由伊东忠太博士 1902 年 10 月游访此地时拍摄。

图 8-1 · 成都武侯祠

图 8-2・泸州武侯祠前

蜀丞相诸葛武侯祠堂碑

该碑高一丈一尺六寸六分，广五尺七寸。碑文二十四行，每行五十字，楷书。碑在成都，唐元和四年（809）岁次己丑二月二十九日建。节度掌书记侍御史内供奉赐绯鱼袋裴度撰，营田副使捡校尚书吏部即中兼成都少尹侍御史赐紫金鱼袋柳公绰书。

碑文起首说：“尝读旧史，详求往哲，或秉事君之节，无开国之才；得立身之道，无治人之术。四者备矣，兼而行之，则蜀丞相诸葛公其人也。”又说：“洎乎三顾而许以驱驰，一言而定其机势。”“结吴抗魏，拥蜀称汉。刑政达于荒外，道化行乎域中。”“定南方也，不以力制，而取其心服；震叠诸夏也，不敢角其胜负，而止候其存亡。法加于人也，虽死徙而无怨；德及于人也，虽奕叶而见思。此所谓精义入神，自诚而明者矣。若其人存，其政举，则四海可平，五服可倾。”“若天假之年，则继大汉之祀，成先主之志，不难矣。”“故玄德知人之明者，倚杖曰‘鱼之有水’；仲达奸人之雄者，嗟称曰‘天下奇才’。”

此碑左右空白处刻有大明弘治十年（1497）巡按四川监察御史蓝田荣华的跋，□午孟冬蜀府承事滕嵩的识，清康熙十一年（1672）巡抚蜀中丞罗森的识和粤东藩使胶西宋可发的识。《金石萃编》卷一百零五登载全文，并附加诸学者对此进行的研究，其后收录著者王昶的文章，文中将《金石萃编》收录的碑文与刊登在《文苑英华》及《唐文粹》中的碑文进行了比较，对文字的异同做了校对。其中，《池北偶谈》说："成都遭张献忠之乱，金石文字无一存者，唯武侯庙碑尚完好。"《苍润碑跋》称："右裴度之撰文乃成化中重镌者。"《授堂金石跋》也称："碑在前明补刻，今所见者，已非旧观，用为可憾尔。"而荣华跋说："裴中立所作，文体纯正，如甘誓胤征，不华不俚。柳子宽所书，笔法遒劲，如正人端士，可敬可爱，诚二绝也。"各家大多赞成这种说法，看笔势字体，认定为明代重镌之物比较恰当。这大概就是此碑文与《文苑英华》及《唐文粹》所载碑文相比，字句上多少有些出入的原因吧。（图9）（常盘大定 文）

图9·成都武侯祠·蜀丞相诸葛武侯祠堂碑·拓本

少陵草堂

嘉庆二十一年（1816）清常明、杨芳灿等修辑的《四川通志》卷三十四载：杜公祠在成都城西浣花溪上，即草堂祠也，宋吕大防建。文后附蜀献王文、张时彻碑记等。明蜀献王文曰：维洪武二十六年（1393）岁次癸酉十二月某日，遣官以牲醴之奠，致祭于草堂先生杜公，曰：先生去今日之世数百余年，而成都草堂之名至今日犹传。予尝纵观乎万里桥西浣花溪之侧，寻草堂之故址，黯衰草兮寒烟，是以不能无所感也。于是命工构堂，劈地一廛，匾旧名于其上。庶几过者，仰慕先贤。然人之所传者，乃先生之遗篇也，而予之所羡者，盖以先生一饭之顷而忠君爱国之惓惓。虽其出巫峡，下湘川，固不恋恋于此，而先生之精神，犹如水之在地，无所往而不在。云云。

张时彻碑记云：杜工部子美祠在成都郭西五六里许，即其所咏草堂是也。蜀献王始受封时，见祠隘且圮，遂拓之还新。事在方正学碑中。云云。（图 10-1）（常盘大定 文）

图 10-1 · 少陵草堂

青羊宫

青羊宫位于成都城西南角外偏西处，是祭祀老子的地方，其规模之大，令人惊叹。本尊老子坐于佛式须弥坛上，负佛式光背，其前陈列佛式祭具，有道士敲木鱼讽诵。

所有建筑中最珍贵的是八卦台。二层结构，下层为圆形，上层为八角形，其构造方式颇为奇特。

1902年11月，伊东忠太博士访问此地并作如上记述。

嘉庆《四川通志》卷三十八“成都府成都县”条下载：青羊宫在县西南十里。老子谓关令尹喜曰：约千日后，寻于青羊肆。因此名青羊宫。明蜀府重修，贼毁。康熙七年（1668）巡抚张德地捐修。文后附载张德地碑记。碑记中说：成都治西南十里许有青羊宫。相传，老子过函谷，谓令尹喜曰：千日外过我于蜀青羊肆，即其地也。云云。（图10-2）（常盘大定 文）

图 10-2・青羊宫

四川万县

太白山

嘉庆《四川通志》卷三十六“万县”条下说太白祠在县西，并附载明曹学佺记。记曰：县西有太白岩，在西山，即绝尘龛。王象之的《舆地碑目》云：“绝尘龛”三字，在西山石壁上，字画瘦劲，类晋宋间物，唐人题咏甚多。相传，李太白读书于此，有“大醉西岩一局棋”之语。云云。（图 11-1）（常盘大定 文）

图 11-1・太白山

四川嘉定

东坡书院

嘉庆八年（1803）宋鸣琦、张心敬等编纂的《嘉定府志》卷五载：东坡书院有二，一在凌云寺清音亭上，建置无考；一在龙泓山，明正统中，州人刘洪禹建。《艺文志》详。云云。

关于东坡书院，嘉庆《四川通志》卷五十五说，一在府（嘉定）东北五里的龙泓山，一在凌云寺清音亭上。文后附载明刘春记。

嘉庆《四川通志》卷四十一“嘉定府乐山县”条下载：凌云寺在县东，对江二里，唐建。康熙六年（1667），按察使李翀宵重修。文后附载《方舆考略》、《方舆胜览》、唐韦皋《凌云寺大像记》、岑参诗、司空曙诗、薛能诗、李习诗、宋陆游诗、明李长春诗、安磐诗、高任重诗、蔡祯诗、李时华诗、彭汝实诗、胡定诗等。

关于凌云寺，《方舆考略》说：在凌云山，一名大佛寺。唐开元初建。有雨花台、兜率宫，左为洗墨池、近河亭，下有竞秀亭、浮玉亭，殿后有清音亭，亭上有东坡书院。书院西为浮图十三级，中空，石磴可登，亦为唐建。浮图右侧有祖师堂，有千峰和尚遗蜕卧像。

关于凌云寺，《方舆胜览》载：唐开元中，僧海通于渎江、沬水、濛水三江之会，悍流怒浪之滨，凿山为弥勒大像，高逾三百三十尺，建七层阁以覆之。至韦皋时，积十九年而工始备。文后附载唐韦皋《凌云寺大像记》。（图 11-2）（常盘大定 文）

图 11-2 · 东坡书院

四川巫山

巫峡

嘉庆《四川通志》卷十四在“巫山县”条下就巫山曰:巫山在县南,隔江三里,形如“巫”字,因以名县。又就巫峡曰:巫峡在县东三十里,与广溪峡、西陵峡并称三峡。文后附载的《峡中行者歌》云:

巴东三峡巫峡长,猿鸣三声泪沾裳。

巴东三峡猿鸣哀,夜鸣三声泪沾衣。

唐李白的诗云:

昨日巫山下,猿声梦里长。桃花飞绿水,三月下瞿塘。

雨色风吹去,南行拂楚王。高丘怀宋玉,访古一沾裳。

又就巫峰曰:巫峰在县东,首尾一百二十里。在夹注中引《府志》说:沿峡一百六十里,屹立峡中者有十二峰,曰:望霞、翠屏、朝云、松峦、集仙、聚鹤、净坛、上升、起云、飞凤、登龙、圣泉,然十二峰者不可悉见。所见八九峰,唯朝云峰最为纤丽。该条目后附载楚宋玉的《高唐赋》开篇如下:

昔者楚襄王与宋玉游于云梦之台,望高唐之观,其上独有云气,崪兮直上,忽兮改容。须臾之间,变化无穷。王问玉曰:“此何气也?”玉对曰:“所谓朝云者也。”王曰:“何谓朝云?”玉曰:“昔者先王尝游高唐,怠而昼寝,梦见一妇人曰:‘妾,巫山之女也。为高唐之客。闻君游高唐,愿荐枕席。’王因幸之。去而辞曰:‘妾在巫山之阳,高邱之阻,旦为朝云,暮为行雨。朝朝暮暮,阳台之下。’旦朝视之,如言。故为立庙,号曰‘朝云’。”云云。(图12)(常盘大定 文)

图 12 · 巫峡

四川 | 石阙

法国三位探险家 Victor Segalen, Gilbert de Voisins 以及 Jean Lartigue 将其成果以图谱的形式发表在"Mission Arch é ologique en Chine"(1923—1924)上，介绍了大量的珍奇发现，其中最令人感兴趣的是石阙。其一是四川省渠县的冯焕墓。冯焕殁于公元 121 年，即后汉安帝建光元年。图 13–1 是其墓阙，斗拱的制式非常先进，其中已出现日本在镰仓末期才开始采用的"唐式一斗二升"，还出现了同样是镰仓时代才开始的"扇形椽"。

图 13–2 是四川省绵阳的平杨墓阙，其斗拱更显复杂。弯曲的斗拱运用得相当出色，檐下小壁的角落处有飞禽走兽的浮雕，柱上的斗拱角也有雕刻。其构思之先进，令人叹为观止，估计是 2 世纪初期之作。

图 13–3 是四川省雅安县的高颐墓阙。据考证，建于公元 209 年，即后汉献帝建安十四年。檐下小壁上的画像还鲜明地保存着，其样式与武氏祠和孝堂山的墓阙类似，且更显精炼。斗拱与平杨石阙几乎相同。

此等石阙，在斗拱的制作手法上展现出无穷魅力，作为再现汉代建筑样式的贵重资料，应当引起关注。

以上记述来源于伊东忠太博士的《中国建筑史》(《伊东忠太建筑文献》)。滨田耕作博士在《关于法隆寺建筑样式和中国汉六朝建筑样式》(《内藤博士还历祝贺中国学论丛》)中，论及这些四川石阙的斗拱制式。

Victor Segalen 等的图谱，除以上三座石阙外，还介绍了大量的位于四川的汉代石阙。Victor Segalen 去世后，同行的探险家 Jean Lartigue 发表《汉代陵墓的表饰》"L'Aat Funeraire à I 'Epoque des Han"(1935)对图谱进行解说。文中公开了对以下四川石阙研究的结果。渠县石阙群：冯焕石阙、沈府君石阙、单石阙 (Pilier "Solitaire")、倾斜石阙 (Pilier "Penché")、赵家坪石阙 (Pilier "Tchao-Kia Ping")、东方石阙 (Pilier "Oriental")；绵州石阙群：平杨石阙、孟石阙 (故上庸长司马孟台神道)、杨石阙 (蜀故侍中杨公之阙)、贾石阙 (蜀中书贾公之阙)、李石阙 (汉侍御史李公之阙)；雅州石阙群：高颐石阙、杨府君石阙、王涣石阙。

关于冯焕石阙，嘉庆《四川通志》卷五十九引《舆地志》《金石志》说，绥定府渠县有冯焕神道。并在该卷"大竹县"条下载：汉冯焕残碑在大竹县古宾城下，冯焕即《后汉书列传》中的冯绲之父，安帝时为幽州刺史，建光元年（121）殁。据 Jean Lartigue 调查，冯焕阙的题为《故尚书侍郎河南京令豫州幽州刺史冯使君神道》。

关于平杨石阙，嘉庆《四川通志》卷六十在"绵州直隶州"条下揭载《汉平杨府君神道》说：阙题《汉平杨府君叔神道》，"叔"乃其字也。

关于高颐石阙，嘉庆《四川通志》卷五十九在"雅州府雅安县高孝廉墓碑"条下引《碑目考》说：在废严道县东二十里，按其碑年月，乃汉建安十四年（209）。高君兄弟皆孝廉。有两大阙，其一曰：故益州太守武阴令上计史举孝廉诸部从事高颐字贯方；其一曰：汉故益州太守阴平都尉武阳令比府丞举孝廉高君实字贯光。又一大碑，其首云：故益州太守高君之碑。云云。

同书又在"高颐阙"条下引《蜀碑记补》说：阙有二，其一云：汉故益州太守武阴令上计史举孝廉诸部从事高颐字贯方；其一云：汉故益州太守阴平都尉武阳令北府丞举孝廉高君字贯，缺一字。《隶释》云：此两阙，一有高君名字，一不称名而字缺其一。予所见六十年前石刻，"贯"字之旁刻云：缺一字。近世所见，乃有以"光"字补之者。此一阙虽无"颐"名，而"阴平""北府"皆见之于碑上，则两者皆高颐碑也。《舆地碑目》以高府君为高君实，以其下有"光"字为由，说高君兄弟皆孝廉。似是而非。

如上所述，关于阙铭众说纷纭，而据 Jean Lartigue 氏的实地调查，右阙题为"汉故益州太守武阴令上计史举孝廉诸部从事高君字贯方"二十四字，左阙题为"汉故益州太守阴平都尉武阳令北府丞举孝廉高君字贯方"二十四字。但据他说，此铭文并非当初之作，是后代随意加工过的。(常盘大定 文)

图 13-1・冯焕石阙

图13-2・平杨石阙

图 13-3・高颐石阙

宜昌 YICHANG CITY OF HUBEI PROVINCE

荆州 JINGZHOU CITY OF HUBEI PROVINCE

当阳 DANGYANG CITY OF HUBEI PROVINCE

汉口 HANKOU CITY OF HUBEI PROVINCE

汉阳 HANYANG CITY OF HUBEI PROVINC

武昌 WUCHANG CITY OF HUBEI PROVINCE

黄梅 HUANGMEI COUNTY OF HUBEI PROVINCE

四祖山 SIZU MOUNTAIN OF HUBEI PROVINCE

五祖山 WUZU MOUNTAIN OF HUBEI PROVINCE

GUANGYUAN CITY OF SICHUAN PROVINCE
JIANZHOU COUNTY OF SICHUAN PROVINCE
EMEI MOUNTAIN OF SICHUAN PROVINCE
CHENGDU CITY OF SICHUAN PROVINCE
WANXIAN COUNTY OF SICHUAN PROVINCE
JIADING COUNTY OF SICHUAN PROVINCE
WUSHAN MOUNTAIN OF SICHUAN PROVINCE

YICHANG CITY OF HUBEI PROVINCE
JINGZHOU CITY OF HUBEI PROVINCE
DANGYANG CITY OF HUBEI PROVINCE
HANKOU CITY OF HUBEI PROVINCE
HANYANG CITY OF HUBEI PROVINCE
WUCHANG CITY OF HUBEI PROVINCE
HUANGMEI COUNTY OF HUBEI PROVINCE
SIZU MOUNTAIN OF HUBEI PROVINCE
WUZU MOUNTAIN OF HUBEI PROVINCE

LUSHAN MOUNTAIN OF JIANGXI PROVINCE
JIUJIANG CITY OF JIANGXI PROVINCE
NANCHANG CITY OF JIANGXI PROVINCE
ANQING CITY OF ANHUI PROVINCE
JIUHUA MOUNTAIN OF ANHUI PROVINCE
HUANGSHAN MOUNTAIN OF ANHUI PROVINCE

NANJING CITY OF JIANGSU PROVINCE
NIUSHOU MOUNTAIN OF JIANGSU PROVINCE
ZUTANG MOUNTAIN OF JIANGSU PROVINCE
SHESHAN MOUNTAIN OF JIANGSU PROVINCE
YANGZHOU CITY OF JIANGSU PROVINCE

四川广元　四川剑州
四川峨眉山　四川成都　四川万县
四川嘉定　四川巫山
湖北宜昌　湖北荆州　湖北当阳
湖北汉口　湖北汉阳　湖北武昌
湖北黄梅　湖北四祖山　湖北五祖山
江西庐山　江西九江　江西南昌
安徽安庆　安徽九华山　安徽黄山
江苏南京　江苏牛首山
江苏祖堂山　江苏摄山　江苏扬州

湖北宜昌

三游洞

三游洞记碑，唐元和十三年（818）由白居易撰文，刻于石壁。明万历戊寅年（1578）匡铎再刻，并加跋。据此可知“三游洞”名称的由来。（图 14-1、图 14-2）

白居易碑文如下：

平淮西之明年冬，予自江州司马授忠州刺史，微之自通州司马授虢州长史。又明年春，各祗命之郡，与知退偕行。三月十日参会于夷陵。翌日，微之反棹送予，至下牢戍。又翌日，将别未忍，引舟上下者久之。酒酣，闻石间泉声，因舍棹进，策步入缺岸。初见石，如叠如削。其怪者，如引臂，如垂幢。次见泉，如泻如洒，其奇者，如悬练，如不绝线。遂相与维舟岩下，率仆夫芟芜刈翳，梯危縋滑，休而复上者凡四五焉。仰睇俯察，绝无人迹，但水石相薄，磷磷凿凿，跳珠溅玉，惊动耳目。自未讫戌，爱不能去。俄而峡山昏黑，云破月出，光气含吐，互相明灭，晶荧玲珑，象生其中，虽有敏口，不能名状。既而，通夕不寐，迨旦将去，怜奇惜别，且叹且言。知退曰：“斯境胜绝，天地间其有几乎？如之何委置，罕有到者乎？”予曰：“借此喻彼，可为长太息，岂独是哉？”微之曰：“诚哉是言！矧吾人难相逢，斯境不易得，今两偶于是，得无述乎？请各赋古调诗二十韵，书于石壁。”仍命予序而纪之。又以吾三人始游，故目为“三游洞”。洞在峡州上二十里北峰下，两崖相廞间。欲将来好事者知，故备书其事。唐元和十三年(818)忠州刺史白居易撰文。

其后添加的匡铎跋，内容如下：

唐白乐天，量移忠州，道峡江，与其弟知退及元微之参游洞中。赋诗纪胜，而乐天又为序，刻之石壁。则洞以三游名始此也。岁久剥落，壁刻罔传，万历戊寅，余以罪来西陵，检楚志，刻有序诗，又逸而未收。呜呼，地以人胜，人以言存。元和及今，才八百余祀，乃三公制作，旋复丧失。爰谋及江博士宝，订其亥豕，勒之贞珉。后之游者，读是文，则知三游名义有因云。明进士前刑科左给事中胶西匡铎谨跋。

笔者常盘于 1920 年 11 月 16 日游览此地，亲手拓来碑文，由此判明了三游洞的由来。（常盘大定 文）

图 14-1 · 三游洞 · 三游洞记碑 · 拓本

图 14-2 · 三游洞

湖北荆州

承天寺

承天寺位于荆州城内，当时有“荆南第一禅林”之称。虽具备堂堂寺院，但被充作兵营，归于荒芜。1920年11月23日，笔者常盘前往游访时，大雄殿的三尊正在加塑。关于该寺的缘起，从寺中第一古碑“重修承天能仁禅寺三门记碑”的碑文颇得其要。该碑明弘治三年（1490）立，辽王撰文并书。

……斯寺之址，肇自东晋。永和间，侍中罗君章故宅。偶生兰一丛，人皆叹曰：此乃佛地也。远请秦望山云翼法师开山，扁曰“承天”。彼时兴盛，冠绝南朝四百八十三年之上。宋齐梁陈，因而隆也。至隋炀帝，增修殿阁，宋复恢张。丞相张商英，舍田百亩为寺之庄。宋绍定间，临川罗季能，来治江陵，为丛兰精舍。魏了翁文记之。及观宋太史黄庭坚记承天僧伽妙应塔文，谓：天下之善人少，而不善人多。王者之刑赏，以治其外；佛者之祸福，以治其内。是佛氏亦未尝无补于世教育矣，……

图15-1·承天寺·全景

据说，寺院原为侍中罗含的故居。罗含，字君章，晋末名流，思想敏锐的政治家。其《神不灭论》一文被《广弘明集》收录，保存至今。寺中曾有唐画十六罗汉、弥勒瑞像、僧伽妙应塔，但无一现存。宋黄庭坚撰僧伽妙应塔记碑也不知去向，实在可惜。现仅遗留大铁镬于寺内。（图15-1、图15-2、图15-3）（常盘大定 文）

图15-2·承天寺·大雄殿

图 15-3・承天寺・三门

湖北当阳

玉泉寺

玉泉寺位于湖北省当阳县，其所在地称玉泉山，又名覆船山。《国清百录》收录的隋当阳县令皇甫毗（《玉泉志》作“皇甫昆”）撰玉泉寺碑文中有如下记载：

玉泉寺者，基此山焉。智顗禅师之卜居也。敕旨正名著额。其山嵬崿嵯峨，崎岖崱嶷。峰疑偃盖，峦似覆船。巨力穷奇之象，洪崖谲诡之形。岗曲抱而成垣，水萦回而结乳。青枫动叶，远照金霞。翠柳摇枝，低临玉沼。猿吟白云之上，莺啼碧树之间。日月为之蔽亏，霄液由之散聚。前瞻江路，却望荆岑。左带昭兵，右通巴峡。

覆船山的景观跃然纸上，栩栩如生。《玉泉志》有“初名‘覆舟山’，亦曰‘堆蓝山’。按《高僧传》，玉泉山又名‘柴紫山’”的说法。玉泉寺在其东南麓，北面负山，溪流左回，实乃天下之福地。天台大师将其与天台的国清寺、金陵的栖霞寺、济南的灵岩寺并称为“天下四绝”，此说法流传至今，不无道理。（图16-1、图16-2）

玉泉寺平面图

玉泉寺由隋晋王杨广为智顗禅师而建。开皇十一年（591）十一月，扬州总管晋王杨广从光宅寺迎来智顗坐镇，设千僧会，受菩萨戒。当时，智顗给晋王取法名“总持”，晋王为智顗奉号“智者”。开皇十二年（592）十二月，智顗至玉泉山安禅，感关王父子神力，开基造寺。及晋王既克金陵，奏请建寺，人竞施舍。雕檐绣栱，规制甚丽。此乃玉泉寺之起源。开皇十三年（593）四月，智顗于玉泉寺说《法华玄义》，十四年（594）说《摩诃止观》。由此可见玉泉寺在佛教史上之重要意义。

现今（1920年11月）的建置是：以天王殿、大雄殿、毗卢殿为中心，有东禅堂、西禅堂，有鼓楼、钟楼，有藏经阁、观音殿，有大士阁、圆通阁、般舟堂，有送子庵、退居庵、紫云庵，背后有高耸的天上天，越过前面的溪流有外门，外门外有铁塔，伽蓝完备，乃隋代以来的名刹。

据《玉泉志》载，大雄殿为咸丰四年（1854）重修，光绪五年（1879）和九年（1883）两次补修，正面阁上的“智者道场”四字为明太史南充人黄辉书。（图17-1）

大雄殿正面有一大铁镬，其铭文如下：

隋大业十一年(615)岁次乙亥十一月十八日，当阳县治下李慧达，建造镬一口，用铁今秤三千斤。永充玉泉道场供养。

铭文约四十四字，每字方径二寸左右，以此可推知镬之大小。（图18-1）此镬，口缘广，高度低，胸、腹及底边有三条节带缠绕，以浑朴的四个力士为脚，应该是此类铁镬中最古老的遗物。殿前左右各有一铁钟，一为元至大元年（1308）造，一为元延祐七年（1320）造，后者的铭文说：

荆门玉泉，在襄汉，为大精舍。山水佳胜，乃陈隋智者顗禅师遗迹之地。后唱教于天台二浙。终焉佛陇而龛护惟谨。关公云长，生为忠臣，没封王神，庙食兹土。感师之德，以威力夜挟霆雨，撼摇山陇。撤龛钥，移定身，而归瘗玉泉。云云。

铭文记叙的是智者与关帝的关系，据此可知，佛陇山的智者龛是借关帝之威力移至玉泉寺的。（图18-2）其形式继承了唐制，肩部阳刻美丽的莲瓣及花蕊。龙头虽遭破坏，但两旁的龙首雕刻尚存。殿前有铁釜两口，一为元至正五年（1345）造，一为元至

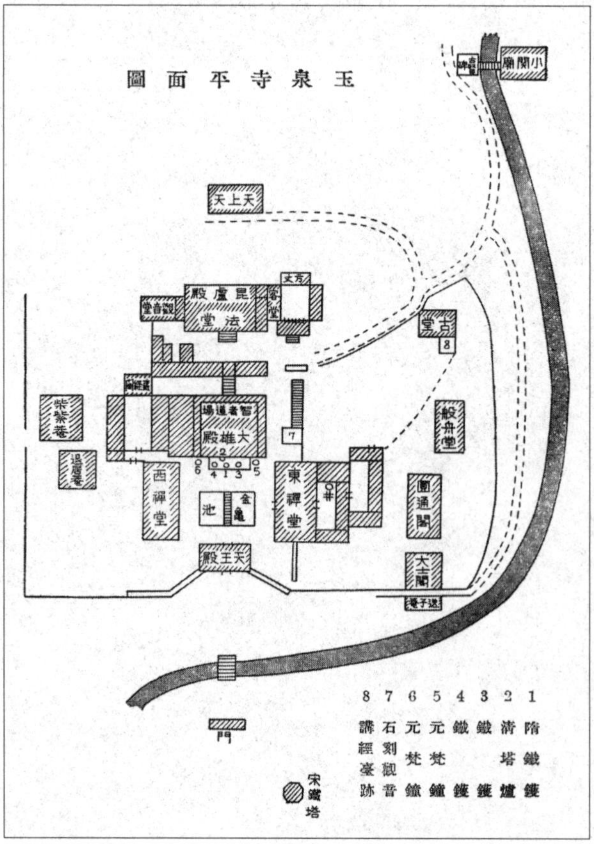

图 16-1 · 玉泉寺 · 远景

正十一年（1351）造。

大殿左方有观音像碑，高七尺，相传出自唐吴道子手笔，但其面相、衣纹、佩饰皆明显地表现出宋代的特质。（图 19）

门外的铁塔是如来舍利宝塔，十三级，高七丈，重十万六千六百斤，为玉泉八景之一。大宋嘉祐六年（1061）辛丑岁八月十五日，敕封悟空大师赐紫沙门当山住持务本谨识的铭文中，收录了当时在本寺堂内的大众僧一百一十五人、行童五十七人的名字，并记载说：功德主是契凝，施者三十一人捐钱共三千贯，本邑玉阳乡山口村信士郝言，同姨韩氏捐铁十万六千六百斤。还说：道光十五年（1835），彝陵总镇珠尔杭阿重铸塔顶。建造年代比济宁铁塔寺的铁塔［北宋崇宁四年（1105）］早五十六年，且形态及手法更为出色，是现存同类文物中保存最完好、最优秀的作品。（图 20-1）

天台大师，三十八岁时离开名声籍甚的建康讲席，太建七年（575）突然退隐天台山，十年后应陈帝之诏再出建康，学成行就，最后移身故乡荆州。为报故乡之恩，于开皇十三年（593）五十六岁时，在玉泉山讲《法华玄义》，翌年讲《摩诃止观》，倾倒一代学士和行僧，此乃佛教史上一大事件。其讲席遗迹位于寺域东北隅的古堂前。这里曾有一堂，现今只有基址，令来访者俯仰今昔，不胜感慨。（图 20-2）

天台大师之后，唐神秀仪凤年间（676—678）隶属玉泉寺，在寺东结庐，谓之“度门兰若”。又有弘景，贞观二十二年（648）在本寺得度，依章安禀受《止观》，在寺南另立龙兴精舍住之，有弟子怀让、惠真二人。而师从惠真者，有嵩山的一行和衡山的承远。

作为玉泉寺的名僧，宋代的慕容、务本，元代的藏山、钟山，明代嘉靖年间的常镇、万历年间的无迹，清代康熙年间的莲月，皆使玉泉的宗风发扬光大。（常盘大定 文）

图 16-2 · 玉泉寺 · 全景

图 17-1・玉泉寺・大雄殿

图 17-1・玉泉寺・大雄殿

图 17-2・玉泉寺・大雄殿・本尊

图 18-1・玉泉寺・大雄殿前・铁镬

图 18-2・玉泉寺・大雄殿前・铁钟

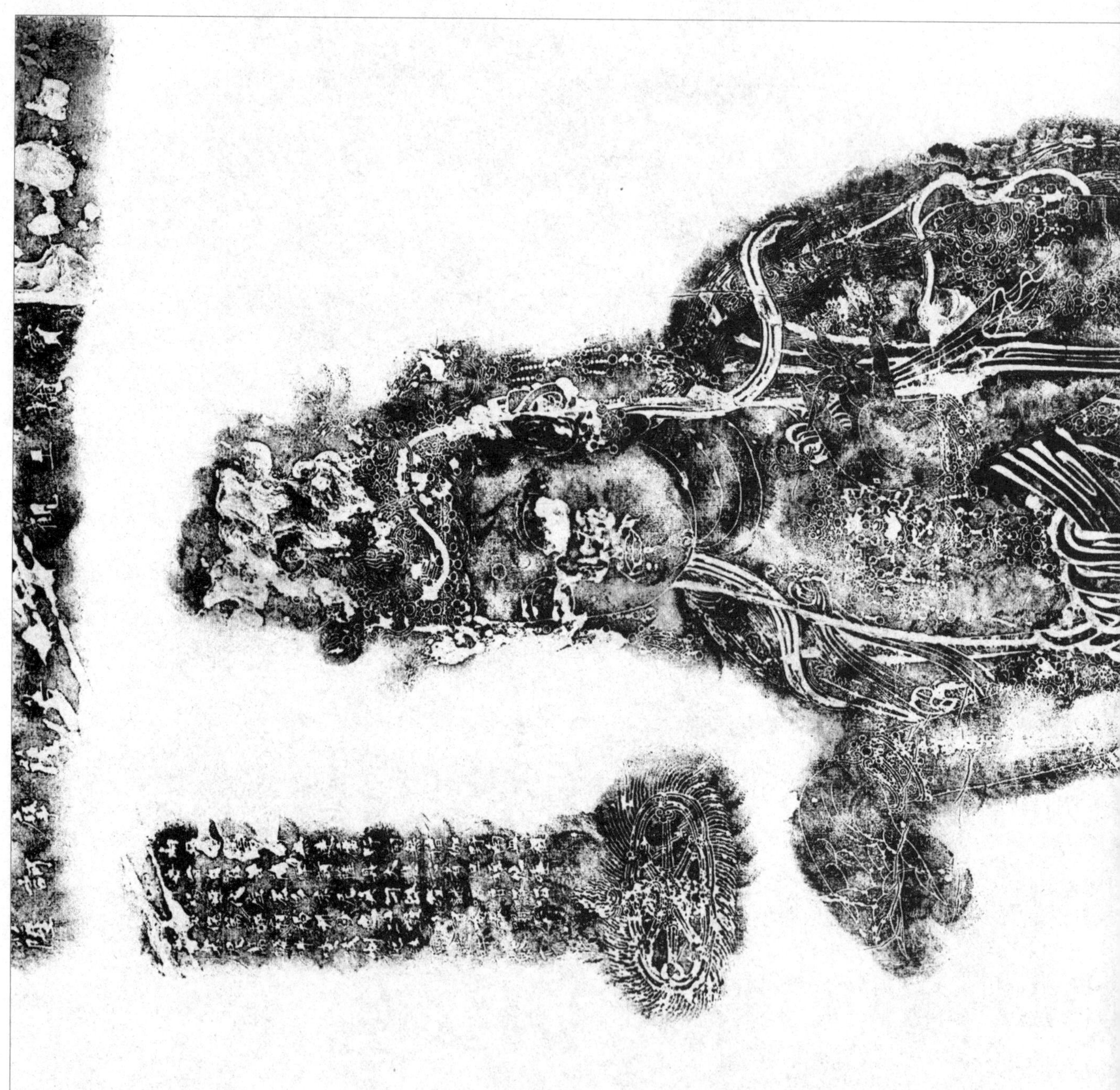

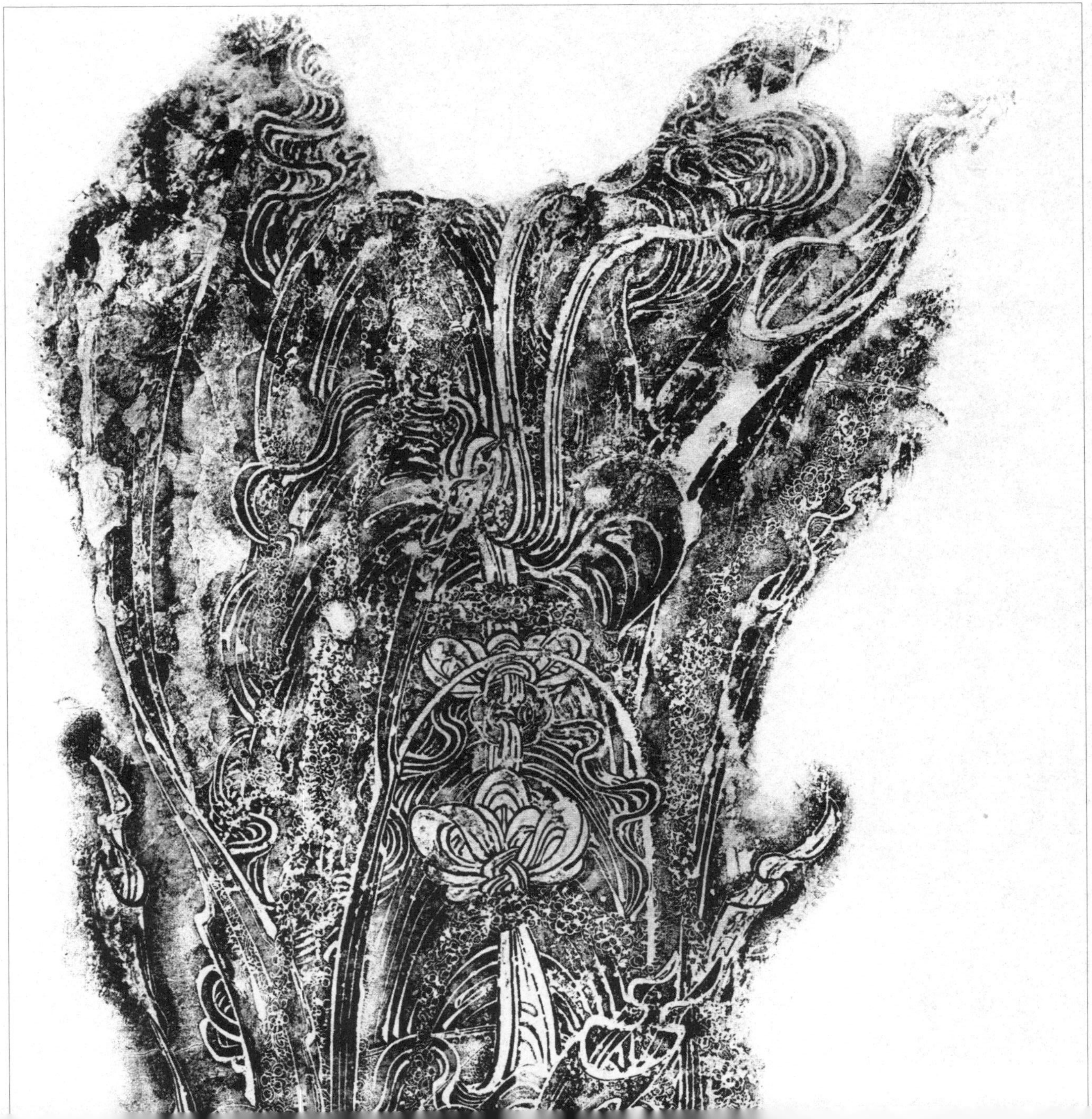

图19・玉泉寺・石刻观音像・拓本

图 20-1 · 玉泉寺 · 铁塔

图20-2・玉泉寺・智者大师讲经台遗址

度门寺

度门寺位于玉泉寺东七里处，是为表彰唐神秀禅师的功德而敕建的。神秀号称北禅或北宗之祖，与南宗之祖慧能并列达摩禅第六祖位置。因而，度门寺在佛教史上地位甚高。

现今的度门寺，规模很小（图21-1），看似是隶属于玉泉寺的一个末寺，但在当时并非如此。有人根据禅师的谥号，又称其大通寺。然而，1920年11月19日，笔者常盘前往探访时，在楞伽峰麓发现度门寺外不远处有一大通寺（图21-2），度门寺住着一位有道心的老住持，而大通寺则无人居住，处于关闭的状态。也就是说不知何时变成了两个寺。《玉泉志》就“大通寺”说：“在玉泉寺东七里，唐仪凤中大通禅师建。原甚宏丽，今山下聊存其名。明万历间无迹禅师重建，光绪间僧安相重修。”就“度门寺”说：“唐久视中建，又称大通道场。明万历间寺僧正诲重修，光绪间僧安相重修。”此二寺，同建于神秀有生之年，同为明万历年间无迹禅师正诲重修，又同在光绪年间由安相重建。而书中把一处当作大通寺，把另一处当作大通道场，却没有提及二者之间有何区别。毫无区别的两座寺庙果真在神秀那个时代并存过吗？这一点十分令人生疑。《玉泉志》卷一“事纪”条下记载了清同治年间，度门、大通二寺遭农民起义军侵扰一事，据此，同年以前两寺并存是明确无误的。回头看明汪道昆《修度门寺大通院塔碑》中的记载：度门遗址即唐建大通道场，寺中藏张燕国公碑，正诲在此作华严会。此碑文，把藏有张燕国公碑的现今的度门寺当成了大通道场或度门寺大通塔院。再来看同时代的聂登第在《楞伽峰度门寺禅院记》中的记载：神秀塔树下有大通禅寺，香火本盛，近颇式微，兄聂登东增修。纡折而上，有度门庵，乃万历中无迹法师正诲鼎建之所。又说：正诲叹玉泉倾圮，乃募金数千两，还新智者寺刹，重营神秀塔址，并建度门禅院。与大通禅寺相区别，文中将无迹所建寺院称为度门庵，或度门禅院。再看王为章的度门寺无迹禅师碑文：无迹在玉泉东七里见“大通”古寺，得神秀国师冢，觅遗碑，始知大通乃度门寺。

综合考虑上述记载可知，唐代创建的是大通寺，现在的度门寺是明无迹在存有遗碑的神秀国师墓附近创建的度门庵，或名大通塔院，或名度门禅院。由此可见，大通寺为唐代所建，度门寺为明代所建。（常盘大定 文）

图 21-1 · 玉泉山 · 度门寺 · 三门

图 21-2・玉泉山・大通寺・三门

神秀国师

神秀，河南尉氏人。少为诸生，游学江表，博综多闻。至五十岁时，在东都天宫寺受具足戒，随蕲州黄梅弘忍大师问法，服勤六年。弘忍叹曰："吾度人多矣，圆解妙悟无如秀者，东山之法尽在秀矣。"仪凤年间（676—678），神秀归属玉泉寺，在寺东结庐，曰"度门兰若"。学徒数万人。武则天召神秀进京，以其年高为由，特许坐轿上殿，并命在旧山建度门寺。中宗即位后，神秀更受敬重。张说曾向他问法，执弟子之礼。师有偈曰："一切佛法，自心本有，将心外求，舍父逃走。"神龙二年（706），神秀在天宫寺示寂，僧腊八十，世寿一百有余。谥大通禅师，敕归葬楞伽峰麓。出殡之日，皇帝御驾送至午桥，王公士庶皆送至墓地。张说及征士卢鸿一为其各作一碑文。

《玉泉志》载：国师塔"在楞伽峰。唐神龙二年（706）十月，中宗赐葬，有铭"。笔者常盘寻访时听寺僧说，国师塔曾遭明末清初的散军蜀李闯王和张献忠的破坏。寺僧指着楞伽山顶一顽石累累的地方说：那就是故址。

神秀与慧能同为黄梅东山五祖弘忍门下的两大明星。有慧能是"顿悟"，而国师是"渐悟"之说，因而出现了种种牵强附会的说法，以至于导致传习性谬误。据《景德传灯录》载：五祖弘忍年老，让门下大众说出各自对禅学的理解，上座神秀立即题偈壁上：

身是菩提树　心如明镜台　时时勤拂拭　莫遣有尘埃

大众见之，大为感叹，认为得大师心印者非神秀莫属。当时，碓房里有一人，名慧能，目不识丁。他问童子大众为何集会，童子以实相告，慧能说："美则美矣，了则未了。"让童子代他在神秀偈后题曰：

菩提本非树　心镜亦非台　本来无一物　何假拂尘埃

此偈完全站在了神秀禅解的对立面。大众不解其意，唯独弘忍给予了默认。入夜，弘忍潜入碓房，将世代相传的衣钵授予慧能，并让他立即返回故乡广东。云云。

以上的传说将教外别传、不立文字的真实面目发挥到了极致，主张顿悟的禅家对此给予重视是理所当然的，但是不应该将其视为历史事实。古契丹的道宗皇帝，以《宝林传》传播谬误为由，下令将其焚毁。《景德录》是《宝林传》的继承者。《敦煌遗书》中有杜撰的《神会语录》，其中，把慧能的偈"本来无一物"，以"佛性常清静"代之。"本来无一物"作为表现南顿禅真髓的说法古来有名，一旦置换成通佛教语"佛性常清静"，其中蕴涵的内容当然与南顿禅就不是一回事了。

慧能素来就是杰出的法器，而神秀同样也是杰出的法器，他身在度门，名闻长安。应天后召见至都，肩舆入殿，天后亲加跪礼。据说，神秀身长八尺，身躯伟岸，而慧能则与之相反，矮小丑陋。神秀奏天后，请下诏迎请慧能进宫，而慧能固辞，不出韶州。神秀亲自作书再次邀之，慧能对使者说："吾形貌短陋，北土见之，恐不敬吾法。又先师以吾南中有缘，亦不可违也。"予以谢绝。其后，慧能又受中宗邀请，但最终不度大庾岭而入寂。以上是《宋高僧传》中的传说。《玉泉志》卷二"志诚"条下载：少于玉泉寺奉事神秀禅师。及两宗盛弘，秀之徒众，往往讥南宗曰：能大师一字不识，有何所长。秀曰：他得无师之智，深悟上乘，吾不如也，汝等可往曹溪质疑。文中以此说明两人的交情有多密切。两个同门道友一生是以这样的关系交往的，认为二人主义相互矛盾、悟境互不相容的看法并非真相。顺便提一下，《宝林传》第六卷在日本青莲院，其他七卷在金藏中被找到。（常盘大定文）

大通禅师之碑

保存在度门寺的大通禅师巨碑是寺内第一宝物。碑体的三分之一剥落，文字几乎不存，令人惋惜。《玉泉志》卷一“事纪”条下说，明宣德年间（1426—1435），有人想侵占大通寺前的土地，聚薪烧毁张说碑。同书卷二“古迹”条下说，之前有人图谋此地，将碑焚毁，文字残缺。明万历年间（1573—1619），寺僧正诲竖碑。以此可知，碑的剥落发生在无迹之前。

碑文中有三处值得注意。

一是关于达摩、慧可、僧璨、道信、弘忍等五祖相承的记载。在明文记载达摩法系的文献中，这应该算是最早的。

其二是关于神秀在弘忍门下服勤六年后，令弘忍发出“东山之法，尽在秀矣”之感叹的记载。此乃把神秀当作五祖弘忍之法嗣的说法，由此可知，当时只把慧能当作正系的说法乃无中生有。长安碑林中的《大智禅师碑铭》载：“大通之传付者，河东普寂与禅师二人，即东山继德，七代于兹矣。”《嵩山景贤大师身塔石记》载：“达摩西来，历五叶而授大通。”这些均以神秀为第七祖。禅宗史一直以来只把南宗当作达摩禅法系，因此，上述两种观点令人意外。

其三是关于神秀以《楞伽经》为心要的记载。与之相对照，慧能是以《金刚般若经》为心要的，此乃造成南北二宗不同的缘由之一。《玉泉志》认为度门寺由明代无迹再建，在我看来，现在的碑可能也是明代重建的。碑文在《张说之文集》《全唐文》《佛祖通载》《湖北金石文存佚考》《玉泉志》等书中都有登载，但这些书中所载碑文皆有一些出入。（图22-1）

（常盘大定 文）

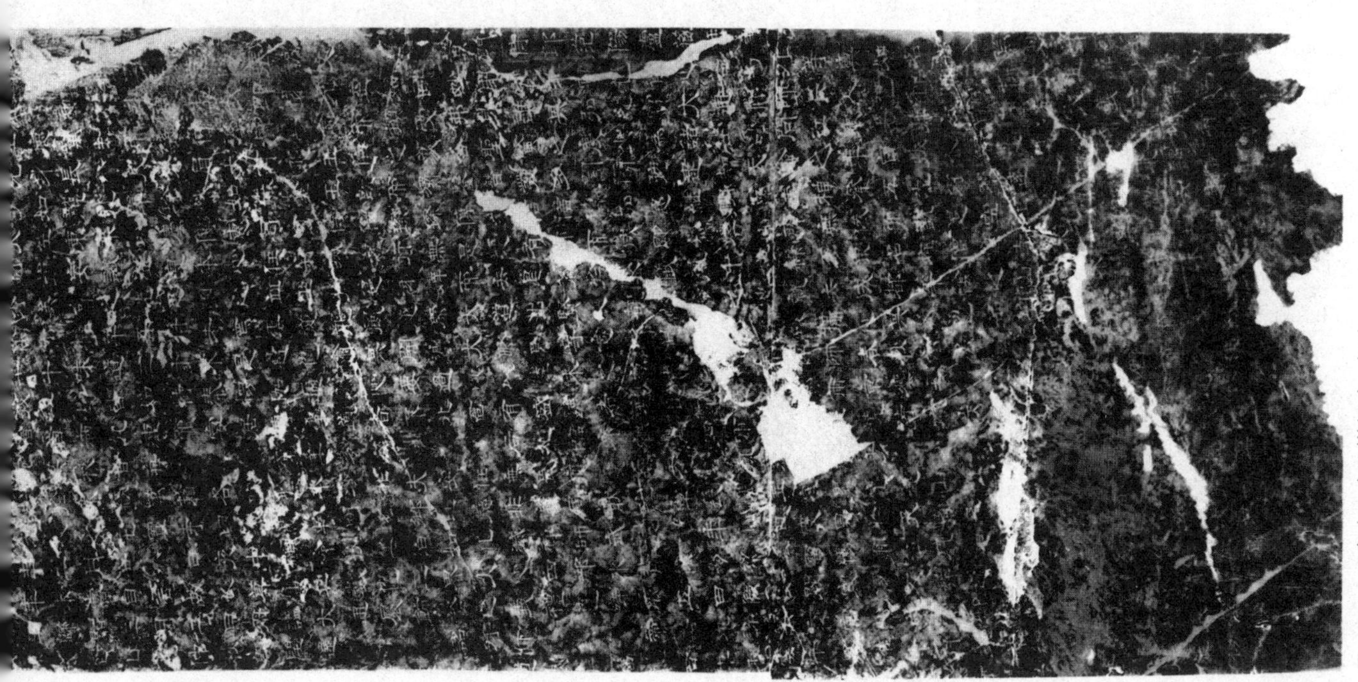

图22-1・玉泉山・大通禅师碑・拓本

无迹禅师

据《玉泉志》卷三中王维章撰《度门寺无迹禅师碑文》可知无迹禅师一生之概略。

无迹禅师，当阳人，名正诲，十岁祝发于石宝山，十六岁游彝陵，憩圣水寺，见学瑜伽教者，以为是方便法门中的佛戏，复归石宝山。读《缁门警训》，感动而泣，作偈“善财与我原同性，不证菩提誓不休”。前往荆南普仰寺拜访天柱和尚满秀。天柱被称为北宗人南宗法，无迹蒙其嘱咐，讲了很多《楞伽》《楞严》。天柱曾向他口授北宗“五十六字”，并说度门寺神秀国师碑中有相关内容。无迹最初不知度门寺之所在，离京返乡寻找，见玉泉寺东七里处有一古寺，名曰“大通”。在此得国师墓，寻找遗碑，方知大通寺即度门寺。无迹兴奋地说：“吾念北宗苦心，沃焚拯溺，日不暇给，而惰弃之徒拾《坛经》片语，慢入觉门，兴言恻怛。”无迹在大通遇到忍祖，听到他称赞神秀：“圆解妙悟无如秀者，东山之法尽在秀矣。”心想：“岂不能脱离名相，独扬真如？”“吾将老此，为北宗之裔。”无迹以修复玉泉寺之颓敝为己任，请《大藏》贮山中，集众翻阅，弘开讲座。其后，无迹息度门，专力净业，昼夜课弥陀不辍。崇祯元年（1628），春秋八十四载入寂。在楞伽峰左，神秀大师塔旁起塔。

关于无迹塔，《玉泉志》载：“在楞伽峰左，明崇祯元年（1628）正月造，有铭。”寺僧以一座八面七级砖塔为无迹塔，从楞伽峰下的位置考察，笔者认为他说的没错，但不见铭文。《玉泉志》说“有铭”，因此，除塔外，原先一定有碑，但现在不知去向。（图 22-2）

无迹塔旁有一圆锥形砖塔，寺僧说塔的所有者已经无法考证。据《玉泉志》推测，可能是万法铁峰禅师塔。关于该塔，《玉泉志》有“在楞伽峰，光绪二年（1876）九月建，有记”的说法，但这座塔的记碑同样不见踪迹。（常盘大定 文）

图 22-2 · 玉泉山 · 度门寺后面 · 楞枷峰 · 无迹塔

湖北汉口

关帝庙

汉口连一座古建筑也没有，新建筑中也不见珍奇之物，唯有关帝庙，其规模之宏大，建筑之精美，装饰之浓厚，在当地少有雷同者。虽然其规模堂堂，但趣味低级，尤其是春秋楼，金光耀眼。除关帝庙以外，汉口没有特别值得一提的建筑。

以上内容来自 1902 年 12 月 31 日寻访当地的伊东忠太博士的记事。(图 23-1)（常盘大定 文）

图 23-1・汉口关帝庙

湖北汉阳

归元寺

归元寺位于与汉口隔汉水相对的汉阳，是汉阳第一古刹。据《湖北通志》载：清顺治初（1644）僧白光建立。住持继承曹洞法系。笔者常盘于 1920 年 11 月 12 日前往游访时，见门壁的碑上刻有“曹洞第三十一世”字样。这在洞门较少的中国大陆弥足珍贵。寺中收藏观音大士像石刻，相传出自吴道子手笔，还藏有敕赐《龙藏》。寺碑皆为清康熙以后的作品。（图 23-2）（常盘大定 文）

图 23-2·归元寺·全景

晴川阁

城北汉水南部有一丘陵横亘东西，名大别山，与武昌的蛇山本为同一山脉，但江水将其一分为二。在大别山的东麓邻接大江处，有著名的晴川阁，与武昌的黄鹤楼遥遥相对。登阁四望，风景绝佳。然而，其建筑为五间四面，上下两层，歇山屋顶，飞椽重檐，毫无特别之处。

大别山上有禹王庙，建筑轮廓新颖奇特，其造型设计可堪为其他建筑范例。

大别山西麓有一湖，名月湖，湖畔有伯牙台，饶有风致，但建筑平凡。

以上内容乃根据 1903 年 2 月探访当地的伊东忠太博士的记事整理而成。(图 23-3)(常盘大定 文)

图 23-3・晴川阁

湖北武昌

宝通寺

关于武昌洪山宝通寺，《江夏县志》与新旧《湖北通志》之间，记载出入很大。综合二者来看，情况大致如下：

宝通寺在武昌县东十五里的洪山下，旧名东山。宋末，隋州数次被兵，荆湖制置使孟珙迁隋州大洪山，众释及慈忍断足于武昌，并徙“洪山寺”额，遂称东山为洪山。明楚昭王增修，请庄王、靖王赐金额。成化年间（1465—1487）更名宝通。（图 24-1）

该寺具备相当规模，以三门、天王殿、接引殿、大雄宝殿、祖师殿为中心，左右配置客堂、斋堂、方丈、禅堂等，大雄宝殿内安置释迦、文殊、普贤三尊和十八罗汉。寺后有八面七级大砖塔，各层不用斗拱，以奇特的托架承载塔檐，并以栏杆环绕。《湖北通志》说，此塔或称“宝塔”，或称“宝通塔”。（图 24-2）（常盘大定 文）

图 24-1・宝通寺・全景

图 24-2 · 宝通寺 · 八角七层砖塔

黄鹤楼

《湖北通志》卷十五“江夏县”条下载：

黄鹤楼在县西，自南朝已筑，因山得名，号称天下绝景。今楼已废，故址亦不复存。问老吏，云：在石镜亭南楼之间，正对鹦鹉洲。犹可想见其地。楼凡三层，外圆内方，祀吕仙像。角巾、卉服、横笛，制甚古。明嘉靖末毁。隆庆五年(1571)都御史刘整重建。万历二十五年(1597)丁酉，一日无故自火，延烧万家。又为流贼张献忠毁。今楼乃故楚敕书楼之移建也。清顺治十三年(1656)御史上官家重建。康熙三年(1664)毁，总督张长庚重建，二十年(1681)雷震，四十三年(1704)总督喻成龙、巡抚刘殿衡修。乾隆四十四年(1779)御书“江汉仙踪”题额。咸丰六年(1856)兵毁，总督官文重建。同治七年(1868)总督李翰章成之。光绪十年(1884)八月有灾。云云。

图 25-2·张之洞旧邸

同书在“因山得名”处有夹注：

案，黄鹤楼本因山得名。《南齐志》以为世传仙人子安乘黄鹤过此。《舆地纪胜》引《唐图经》以为，费祎文伟登仙，驾鹤返息于此。唐阎伯埕作记，以费祎之事为信。《寰宇记》亦云然。又《述异记》云：荀瓌，字叔玮，

息楼上，西望有物飘然，降自云端，乃驾鹤之宾也。宾主欢对，已而辞去，跨鹤腾空，杳然烟灭。则可谓，遇仙者乃叔玮，驾鹤之宾仍指文伟。唐以前之说皆大抵相同。

黄鹤楼遗址下边的大江岸上有一喇嘛石塔，俗称万年灯。《湖北通志》载："宝像塔高三丈。石色润白。相传，下有千岁灯。明天启元年（1621），塔下墙裂寸许，有烟腾出。元威顺王世子墓，王名宽澈普化。墓用塔，元制也。"记述简略，其意不甚明了，大概是说此塔乃元威顺王世子之墓，墓地建塔是元代的建制。（图 25-1）（常盘大定 文）

图 25-1・黄鹤楼

湖北黄梅

东禅寺

黄梅县在湖北省蕲州，位于江西庐山之北九十里处，隔长江与之相望。黄梅县城东北三十里有五祖山，西北三十里有四祖山。而四祖山与五祖山之间，相隔五十里，因此，黄梅县城、四祖山、五祖山三地呈三足鼎立之状。三地都拥有禅宗史上重要的遗址。

东禅寺位于黄梅县城西郭门外，又称莲花寺，传说是六祖慧能继承五祖弘忍衣钵之故地。门上榜为“古东禅寺”，破败衰颓，只存寺形。据记载，寺内有坠腰石，有簸糠池，有吴道子传衣图，但如今既不见池，也没有图，只存坠腰石。《湖北金石存佚考》卷九引《南来志》说：“谒四祖、五祖、六祖像，殿侧竹圃即槽厂之故迹。”果然如此的话，那寺内就有过四祖、五祖、六祖的塑像。又引《曹溪通志》说：“六祖往黄梅，五祖著槽厂去。即至碓房，腰石舂米。”

坠腰石，方二尺许，涂丹刻铭。铭文如下，出自《金石萃编》卷五十四。

六祖坠腰石（石，高广均一尺六寸五分，题五字，隶书，余正书）

龙朔元年(661)　□黑齐居士蒋□勒石

块石绳穿祖迹留。曹溪血□此中收。应□一片东渐月。□□□□四百州。

□□四祖远孙□□□□

《曹溪通志》载：六祖师事五祖，居黄梅东禅寺时，于碓房舂米，以石坠腰，故称之坠腰石。石长一尺，宽二寸一分。中一行有“师坠腰石庐居士志”八个字，右有“龙朔元年（661）镌”，左有“桂林龚邦柱书”字样。龙朔元年（661），六祖受衣钵南归。后有韶州人仕于黄梅者，明嘉靖年间持归曹溪，今存焉。按《六祖传》载：六祖至五祖乃咸亨二年（671）。龙朔在咸亨之前十年。石上的字乃后人所刻，故年月不符。总而言之，六祖舂米的逸闻属禅宗文学，对其年代的考证不得不说是细枝末节。话说坠腰石的题字，《金石萃编》的记载与曹溪所存的版本之间大相径庭。这可能是不同人随心所欲地杜撰而导致的结果。（图 26-1）（常盘大定 文）

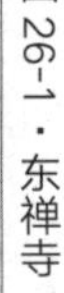

图 26-1・东禅寺

高塔寺

位于黄梅县城内东北角的弥陀寺，因其境内有一砖塔，故俗称高塔寺。寺内有清乾隆五十九年（1794）古弥陀寺重修记碑，碑文载：

……黄梅县称小天竺。环境皆选佛场也。其城东北隅有弥陀寺，建于唐，毁于黄巢。宋天禧间，沙门天台仁勉，上春坊居民唐守忠兄弟，新庙而建于庙后，即以高塔名其寺。……

由此可知，寺建于唐代，塔建于宋代。《湖北金石存佚考》卷九引天禧三年（1019）释志全撰文并书的砖塔记给予佐证。据称，该寺与四祖有关。碑当时在高塔寺的后壁，碑文多漫灭，处处不得识读。碑中载："今之砖塔，即天台山沙门仁禀勉、上春坊信士唐君守忠、与□□□守真、守珪、守习阖家眷属之所造也。是地，唐贞观中为众造寺，即四祖大师□□□□地也。咸亨初，造百尺弥陀佛阁，而后为巢寇所焚。但有故碑□址存焉。（中略）高百七十尺，纵□百尺，总十三层，每层皆以珁缾盛瘗舍利。"云云。

由此可知本寺的由来及塔之造型的意义。塔身虽毁损严重，但砖塔凡十三级，层层递减幅度较大，轮廓呈炮弹状，雄伟挺拔，秀丽壮观。（图26-2）（常盘大定 文）

图 26-2 · 高塔寺 · 砖塔

湖北四祖山

正觉寺

四祖山正觉寺位于蕲州广济县。大殿毁于兵燹，只遗四祖庵。(图 28-2) 寺域广阔，但颓废之状明显。四祖庵内有佛龛，其上安置头戴宝冠的四祖塑像，龛前放置烧香台。(图 29-1)

右方的山丘上有座重檐方塔，名毗卢塔 (图 29-2)。塔的四面有入口，其上雕刻花头，四方各刻两个灵塔名，以表大灵塔汇聚于此之意义。南面的塔名“伽毗罗城生塔”和“摩迦陀国证觉塔”，还清晰可见。

塔的背后有四祖洞，其内安放四祖像。大殿故址下，左方有禅堂，右方有复新楼。四祖庵的左侧有慈云阁。这些建筑应该统称为正觉寺才恰当，然而寺域荒废不堪，使这些建筑显得互不相干。

背后的山名“双峰山”，又称“破额山”。(图 27-1) 门外有小石矶，清水顺岩石表面流淌。(图 27-2) 唐柳宗元“破额山前碧玉流，骚人遥驻木兰舟，春风无限潇洒意，欲采苹花不自由。”一诗说的应该就是这里。但此流只可滥觞，木兰舟不过是文人的辞藻。在此设置道场的实际上是唐初的大医禅师道信，《续高僧传》第二十六中提到的蕲州双峰山释道信指的就是他。《佛祖统纪》第三十九说：贞观十七年（643）黄梅道信，四征不趣。乃就，赐珍缯以旌其道。又永徽二年（651）信禅师安坐而逝，在东山黄梅寺起塔。这里曾有保大三年（1123）建造的四祖禅院碑及建炎元年（1127）惠洪撰《双峰山正觉禅院涅槃堂记》，但早已佚失不见。据说，碑文收入《石门文字禅》中，被《湖北金石存佚考》卷九全文转载。此外，惠洪于同年撰写的《栽松庵记》同样收入《石门文字禅》中，被《湖北金石存佚考》全文揭载。(常盘大定 文)

图 27-1 · 四祖山 · 全景

图 27-2 · 四祖山 · 正觉寺前 · 小石矶

图 28-1・四祖山・正觉寺・全景

图 28-2・四祖山・正觉寺・四祖庵

图 29-1・四祖山・正觉寺・四祖庵・四祖龛

图 29-2・四祖山・正觉寺・毗卢塔

湖北五祖山

真慧寺

五祖山，本名冯茂山，是五祖大满禅师弘忍的道场，故得五祖山之名。禅宗史上有名的东山指的就是此山，与之相对地，四祖山则称为西山。关于东山和西山的称谓，对地理不太在意的佛教学者不顾两者之间的区别，把四祖山也称为东山，甚至把东禅寺也称为东山。如果不严密地加以区别，就有可能引起误解。

真慧寺位于东山的半山腰，在山下的远处就可仰望到。(图 30-1) 其山脚下有一村，村中有一寺门，名一天门，是真慧寺的第一道门。过门前行进入山路，路口有一石塔，宋宣和三年（1121）由僧惟亨与外化信士共同建立，为释迦多宝塔。八面五级，高约一丈五尺。花岗石造，因风雨浸蚀，雕刻摩泐严重。

爬上陡坡，有一座更为高大的八面七级石塔，名三千佛塔。正面开龛，其他七面，除四方佛的名字外，还刻有释迦、多宝、妙色身等佛名，可能也是宋代所建。除此之外还有三座石塔，在各自所处的树林中可彼此遥望，而且，这五座石塔的前后左右全是墓石。登至二天门，再行一程，渡过山涧上架设的石桥，来到堂下一喇嘛式石塔前，从这里直接进入寺域。昔日的大殿消失不见，只留下一片空地。(图 30-2) 现今的真慧寺建于空地之上，(图 31-1) 并列其右的是圣母殿。1922 年 11 月 25 日，笔者常盘游访该寺时，住持是临济宗第四十代醒珊。

五祖山真慧寺是唐弘忍开基之地。《佛祖统纪》

图 30-2 · 五祖山(东山) · 真慧寺 · 全景

图 30-1・五祖山(东山)・远景

第三十九载："常随母乞食。见四祖于黄梅道中。祖语其母令出家。是为弘忍禅师，嗣居东山大行其道。"宋建炎二年（1128）李纲所撰《黄梅山真慧禅院法堂碑记》与碑文全部佚失，但《湖北金石存佚考》卷九从本卷转载全文。据说此外还有元虞集重建五祖寺碑，但该碑没有保留下来。

堂后的山上有授法洞、讲经台、白莲峰、洗手池等古迹名胜。登至中峰堂，(图 32-2) 才意识到"中峰堂"之称与"天目中峰"毫无关联，只表示该殿位于山峰中途之意。其上有讲经台。最后入天门抵达顶峰。山顶中部凹陷，四周峰头环绕，自然形成芙蓉状，这就是"白莲峰"之称的由来。唐裴度有"更有一般人不见，白莲花向半天开"的诗句。自古以来，此地作为名胜引来众多文人墨客。东峰巨岩的顶上，有一天然水池，形如水盆，内侧刻"洗手池"三字，也是名胜之一。(图 32-1)

中峰堂下有一巨岩，其下有授法洞，洞中有头戴宝冠的五祖像，布身漆表。所谓授法，大概是指四祖向五祖传法。(图 31-2) (常盘大定 文)

图 32-1・五祖山(东山)・山顶

图 31-1·五祖山(东山)·真慧寺

图 31-2 · 五祖山（东山）· 真慧寺后 · 授法洞

图 32-2・五祖山(东山)・山腹・中峰堂

四祖道信

关于四祖、五祖、六祖，在此将进一步加以概述，以看清交织其中的南禅宗之发展历程。四祖道信生于蕲州广济县，幼时仰慕空宗，摄心不寐。大业十三年（617）抵吉州，以念《摩诃般若》，解群盗围城。唐武德甲申（624）返蕲春，住破头山。一日，往黄梅县，路逢一小儿，问其姓，答曰："佛性。"道信闻之，默识是法器，即乞其父母令其出家。那小儿就是弘忍。一日，四祖告众曰："吾武德中游庐山，登绝顶，望破头山，见紫云如盖，下有白气，横分六道。汝等会否？"众皆默然。弘忍曰："莫是和尚他后横出一枝佛法否？"贞观癸卯（643），太宗闻其道风，欲瞻之，诏赴京师。前后三返，道信竟以病辞。太宗第四度，命使曰："如果不起，取首来。"道信引颈就刃，使者异之，以状回闻太宗。太宗帝愈加钦慕，赐以珍绘。高宗永徽辛亥（651）道信安坐而逝，寿七十有二。代宗谥号"大医禅师慈云之塔"。以上是《景德录》卷三的传记，《续高僧传》卷二十的记载与之大相径庭。据《续高僧传》记载，道信入舒州皖公山修禅十年后，师僧去罗浮，不许道信相随。道信其后出家，住吉州寺。在贼围吉州时，以念般若解围。贼平之后，欲往衡岳，路经江州，应道俗之请，止于庐山大林寺，又经十年。蕲州的道俗，请度江北，于黄梅县造寺，但道信依然山行，见双峰山上有好泉石，立志终焉。入山以来三十余年。临终，命弟子弘忍造塔，永徽二年（651）示寂，春秋七十二。《景德录》晚于《续高僧传》约三百五十年。《景德录》中添加的重要内容就是四祖在庐山绝顶眺望破头山时，预见其后将有一流派从其门下分出这件事情。这是根据以牛头禅为达摩宗的一派这一要求而杜撰的。此外还把《高僧传》中的舒州皖公山僧人当作第三祖僧璨。后来的禅宗史将这两本传记巧妙地整合，并加入了禅宗统一的主张。

五祖弘忍

五祖弘忍，蕲州黄梅人，作为道信的后嗣住破头山。咸亨年间（670—673），有一姓卢名慧能的居士从新州来谒，针对弘忍"岭南人无佛性"之言，说："人既有南北，佛性岂然？"遭弘忍呵斥，被命去槽厂干活。慧能随即入碓房，杵臼舂米，服劳役八个月。法衣付授之日至，弘忍令僧众随意述一偈，上座神秀在庙壁上书偈曰：

身是菩提树　心如明镜台　时时勤拂拭　莫遣有尘埃

弘忍本欲令处士卢珍绘《楞伽》变相于其壁之上，及见题偈在壁，遂止不画，令众僧念诵。弘忍见偈后赞曰："后代依此修行，亦得胜果。"慧能闻之曰："美则美矣，了则未了。"为此遭僧众取笑。入夜，慧能让一童子在神秀的偈旁写下一偈：

菩提本非树　心镜亦非台　本来无一物　何假拂尘埃

弘忍见之，半夜潜入碓房，召慧能行者入室，交付正法眼藏，并命慧能远离此地，隐身待机。上元二年乙亥（675）弘忍七十二岁示寂，在黄梅东山入塔，代宗谥号"大满禅师法雨之塔"。以上是《景德录》中的传记。早于该传仅十八年的《宋高僧传》中也有"道信见小儿，问其姓名，并以此为缘，令其出家"的记载，以及道信从九江遥望双峰山，预见后世会分出一支的记载，与《景德录》如出一辙。而且，咸亨初，道信命二三禅僧说出其志，神秀先说，慧能和之，而慧能受传衣一事，也与《景德录》吻合。但《宋高僧传》更为详细，书中说：弘忍之道即东山法门；门下弟子神秀等把弘忍的肉身葬于东山冈；慧能受法衣后隐身韶阳，而神秀在荆门洛下传法，南北宗由此拉开序幕。书中还以道信的"一枝"说来解释牛头禅，说法融至慧忠六人，号称牛头六祖，是四祖的分支，进而说，庶孽不能匹嫡。应该说，书中显示出当时以达摩禅南宗为中心的禅宗统一大业逐渐形成的轨迹。最近，在《敦煌遗书》中发现的、可以看作是荷泽神会语录的记载中，慧能壁偈中的那句"本来无一物"被"佛性本常住"取代了。对照彼此，可以看出禅宗文学发展的经过。

六祖慧能

六祖慧能，在《宋高僧传》卷八中为唐韶州今南华寺慧能。新兴人，少时失父，卖薪自养。一日，慧能在集市上听到《金刚般若经》的诵读声，打听后得知，是众僧在随蕲州黄梅冯茂山弘忍禅师受持。咸亨年间，慧能去韶阳，与高行士刘志略成为至交。慧能听刘志略之姑无尽藏读《涅槃经》，虽不识字却能辨析其义。无尽藏深为叹服，号为行者，修宝林古寺，请他居住。慧能自省：本誓求师，而非住寺。于是径直离去，依附乐昌县西石窟智远禅师请益。智远说：行者非常人，吾不知吾，不知甚也。劝他去蕲州五祖处。弘忍见慧能其貌不扬，以“岭南人无佛性”之语试之，遂命慧能竭尽全力抱石舂米以供僧众。及神秀唱慧能和，弘忍密传法衣给慧能，并让他远离此地。慧能欲归故里，隐身于四会、怀集之间，渐露锋颖。一日，遇南海印宗法师讲《涅槃经》，当时有二僧见风动刹幡，便为是幡动还是风动而争论起来，慧能闻之，否定二者，认为是心动。印宗心悦诚服，把他当作肉身菩萨。为此，慧能就法性寺智光律师，削发受满分戒。此戒坛为南宋朝求那跋摩三藏所建。三藏悬记：后当有肉身菩萨于斯受戒。又梁末真谛三藏于戒坛之畔手植菩提树，并预言：“此后一百二十年有开士，于其下说无上乘。”慧能来到这里，于树荫开东山法门，皆符前谶。上元年间（674—676），一日，慧能面露惨然不悦之色，结果收到五祖示寂的噩耗，慧能随即移居宝林寺，可刺史韦据却命令他去大梵寺。在苦苦推辞后入双峰曹侯溪，大降法雨，以至于天下言禅道者以曹溪为口实。其门人所做记录称作《坛经》，盛行于世。因神秀的举荐，武太后、孝和皇帝共降玺书，并遣中宫薛简前去召他进京。因慧能谢病不起，遂赐予厚礼，又舍新兴旧宅为国恩寺。神龙三年（707）敕修其居所，赐改号曰“法泉寺”。先天二年（713）寿七十六年圆寂，迁座于曹溪之原。以慧能端形不散如入禅定，后加漆布。宪宗追谥“大鉴”，塔曰“元和正真”。太平兴国三年（978）敕重新建塔，改为南华寺。

慧能传，在《景德录》和《宋高僧传》中几乎完全一致，因此，可以把以上的叙述当作定论。（常盘大定 文）

庐山 LUSHAN MOUNTAIN OF JIANGXI PROVINCE

九江 JIUJIANG CITY OF JIANGXI PROVINCE

南昌 NANCHANG CITY OF JIANGXI PROVINCE

安庆 ANQING CITY OF ANHUI PROVINCE

九华山 JIUHUA MOUNTAIN OF ANHUI PROVINCE

黄山 HUANGSHAN MOUNTAIN OF ANHUI PROVINCE

四川广元　四川剑州
四川峨眉山　四川成都　四川万县
四川嘉定　四川巫山
湖北宜昌　湖北荆州　湖北当阳
湖北汉口　湖北汉阳　湖北武昌
湖北黄梅　湖北四祖山　湖北五祖山
江西庐山　江西九江　江西南昌
安徽安庆　安徽九华山　安徽黄山
江苏南京　江苏牛首山
江苏祖堂山　江苏摄山　江苏扬州

GUANGYUAN CITY OF SICHUAN PROVINCE
JIANZHOU COUNTY OF SICHUAN PROVINCE
EMEI MOUNTAIN OF SICHUAN PROVINCE
CHENGDU CITY OF SICHUAN PROVINCE
WANXIAN COUNTY OF SICHUAN PROVINCE
JIADING COUNTY OF SICHUAN PROVINCE
WUSHAN MOUNTAIN OF SICHUAN PROVINCE

YICHANG CITY OF HUBEI PROVINCE
JINGZHOU CITY OF HUBEI PROVINCE
DANGYANG CITY OF HUBEI PROVINCE
HANKOU CITY OF HUBEI PROVINCE
HANYANG CITY OF HUBEI PROVINCE
WUCHANG CITY OF HUBEI PROVINCE
HUANGMEI COUNTY OF HUBEI PROVINCE
SIZU MOUNTAIN OF HUBEI PROVINCE
WUZU MOUNTAIN OF HUBEI PROVINCE

LUSHAN MOUNTAIN OF JIANGXI PROVINCE
JIUJIANG CITY OF JIANGXI PROVINCE
NANCHANG CITY OF JIANGXI PROVINCE
ANQING CITY OF ANHUI PROVINCE
JIUHUA MOUNTAIN OF ANHUI PROVINCE
HUANGSHAN MOUNTAIN OF ANHUI PROVINCE

NANJING CITY OF JIANGSU PROVINCE
NIUSHOU MOUNTAIN OF JIANGSU PROVINCE
ZUTANG MOUNTAIN OF JIANGSU PROVINCE
SHESHAN MOUNTAIN OF JIANGSU PROVINCE
YANGZHOU CITY OF JIANGSU PROVINCE

江西庐山

东林寺

庐山位于江西省九江市南部，从九江市行三十里至莲花洞，由此进山。东林寺位于庐山西北麓，距九江市六十里。(图33) 庐山的佛教始于东晋道安的高徒慧永，而及同门慧远到来才声名鹊起。慧远于太元六年（381）入山，立下丰功伟绩，其中最为显赫的是在此地创建了理想的宗教团体——白莲社。

慧远一进山，就有一百二十三人不期而聚。其中的“十八贤”名声响亮，有刘遗民、周继之、宗炳、雷次宗等名士。慧远当时已精通儒教，但并不满足于此，又研究老子和庄子，还不安于现状，再师从道安皈依佛教。他持律严格，以修禅息心，其三学造就的人格魅力令当时的上上下下心悦诚服。不仅傲慢不逊的桓玄在下令沙汰僧门之际把庐山排除在外，而且才华横溢的谢灵运在慧远面前也放下王侯的威严，垂首谦恭。如此，修得戒定慧的慧远结白莲社，精修念佛三昧，誓愿往生西方净土。“白莲社”之名因谢灵运在般若台精舍前水池中种植白莲而得，结社的《发愿文》由刘遗民起草。据《发愿文》称：为慧远人格所动不期而聚的名士，慨叹晋朝王室萎微不振、君臣上下无秩序，深为心灵之寂寥所驱，欢庐山之心交，起誓今生来世永结不变。这个宗教上的理想团体，真正地发挥了僧伽之精神，在各个时代都留下了很大的感化，尤其是宋代，在庐山及杭州，僧伽精神得到复兴，其影响延续至今。

慧远以后，庐山的佛法经南北朝至隋唐宋，一直生机勃勃。隋朝的天台大师也到此寻访，唐代的道信、马祖也在此修禅，匡庐成为修道者必去一次的灵地。在中唐会昌破佛之际，其曾一时近于毁灭状态，但到赵宋年间，又得到大举复兴。及居讷住进庐山西麓圆通寺，其盛况堪比慧远当时。居讷的同辈有白云守端，后辈有佛印了元，同时代的有常总。居讷与欧阳修交友甚笃，了元是苏东坡的亲朋，常总是周濂溪的好友。

庐山中，以西林寺、东林寺、大林寺等东晋的古刹为首，还有归宗寺、栖贤寺、圆通寺、开先寺等寺院，而且住东林寺的名僧，先有慧远，后有常总。东林寺，在其繁盛时期有上方塔院、下方塔院、耶舍塔、常总塔、熙怡塔，还有远公影堂、十八贤影堂、三笑亭。既有刘遗民禅室、宗炳宅，又有谢灵运碑、李邕碑、虞集碑、柳公权碑、子昂碑，此外还有翻经台、白莲池、虎溪等。但因沧桑之变，如今这些皆无处可寻，唯留下规模狭小的本殿(图34-1)。殿中的安置物，只有明崇祯十三年（1640）造六面七层铜塔值得

图 33 · 东林寺 · 前景

注目。(图 34-2) 就连因三笑的传说而屡屡出现在文艺作品中的虎溪，如今也无法确定其位置之所在。李邕撰东林寺碑遭到破坏，倾倒在方丈前的墙上；柳公权的复寺碑仅存断片，嵌在本殿的壁间。李邕碑，原建于唐开元十九年（731），《金石萃编》中保存的是元朝至元三年（1337）庆哲重立的碑，书中有“东林寺者，晋太元九年（384），慧远法师之所建也”的记载，是证明慧远太元六年（381）入山的著名文献。“罗什致其澡瓶，巧穷双口。姚泓奉其雕像，工极五年”的记述，证明了罗什与慧远的交情，还说明其间他们围绕着佛教艺术进行过交涉。“殷堪抠衣而每谈，卢循避席而累赞”记述的是慧远关于儒老二教的学殖。“谢客欣味而成文，刘斐诋诃而覃思”记述的是慧远与谢灵运等文人之间的藻思。

宋淳熙四年（1177）八月范成大寻访庐山，从其《吴船录》中的记载可推知宋代东林寺的状况。当时，有虎溪，有白莲池，有远公及十八贤的祠堂，有舍利塔，有慧远与殷仲堪谈易经的故址聪明泉。而且，唐代以来的诸刻皆安然无恙，其中有李邕的寺碑、李讷的兀元禅师碑、柳公权的复寺碑等。(常盘大定 文)

图 34-1・东林寺・大雄殿・内部

图 34-2 · 东林寺 · 大雄殿 · 铜塔 · 一部分

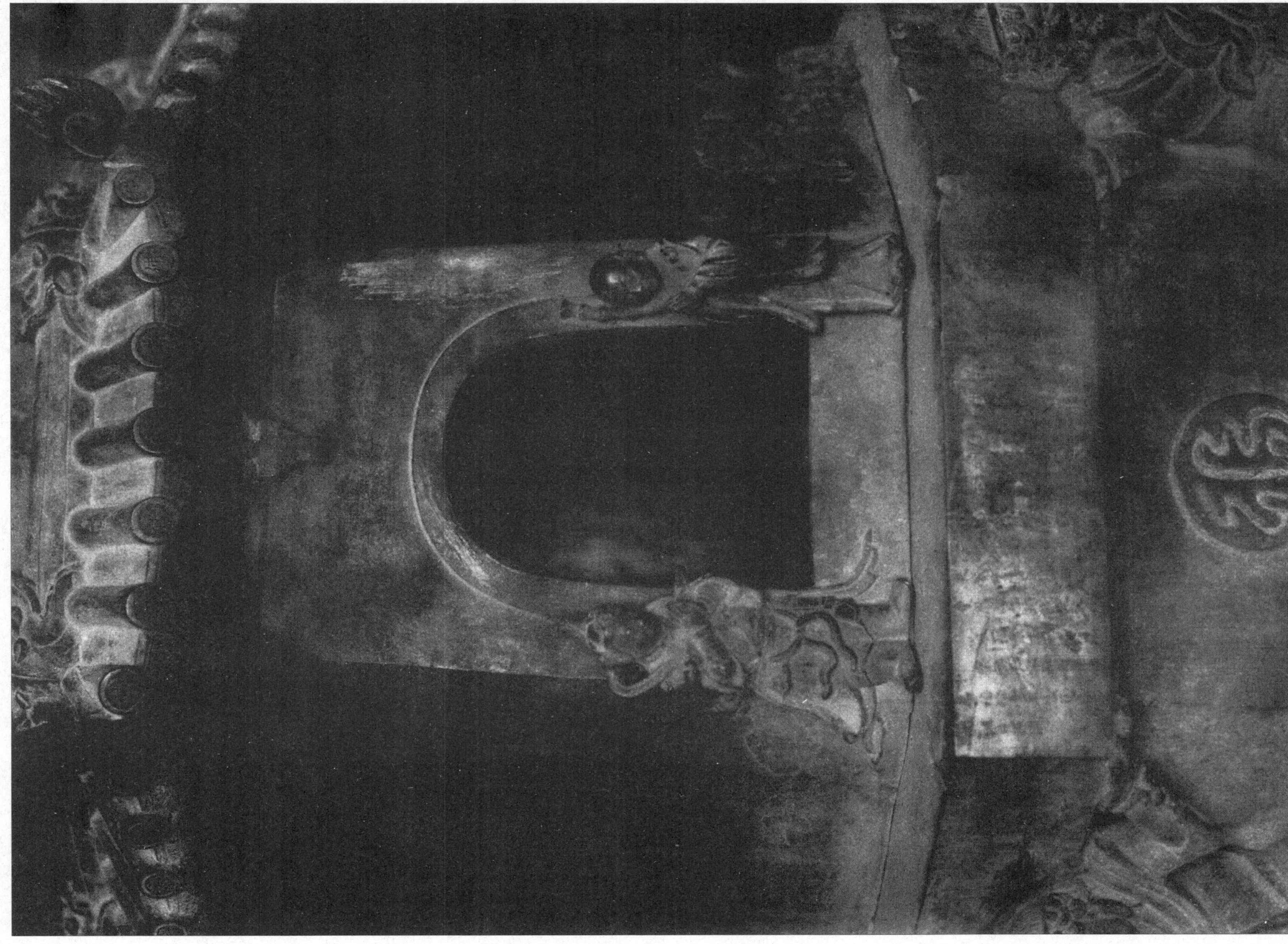

晋慧远祖师塔院

宋范成大的《吴船录》载："远师塔，寺西数十步，晋杉存焉。"而清康熙五十九年（1794）毛德琦重订的《庐山志》载："东林寺西，有常总禅师塔，寺东有东林寺桥，又西有下方塔院，院内有远公塔。"

宣统二年（1910）补刊的《庐山志》引明桑乔《庐山记事》，记载如下：

桑疏常总塔，在雁门塔东二百步。远公塔，相传其墓门在塔南阶下。永乐中，有人开之。远元(公?)坐，其貌如生焉。

此外，有一石碑，题"晋慧远祖师之塔院"(图35-3)，清嘉庆二十二年（1817）弟子熙愿敬立，由此来看，嘉庆年间确实有过远公塔院，但不曾听说有人对其存在进行过查实。笔者常盘于1920年12月在西林寺东冈的石屋中发现该塔，并公之于众。(图35-2)石屋中有一高约九尺，广约十一尺的墓塔。八角形的台基上集石作塔身，整体结构为覆钵形印度式塔。据慧远传记载，慧远的一生之伟大，虽然三十年间影不出山，却推动了社会的向前发展。义熙十三年（417）以八十二岁高龄寿终正寝的他，临终时留下遗言，把遗骨扔于松林，以松林为坟。弟子等不忍将其遗骨暴露在外，在东林寺西岗占卜选地，垒石筑坟，将遗骨收入其中。其坟即此塔也。唐灵彻的远公墓诗"古墓石棱棱，寒云晓景凝。空悲虎溪月，不见雁门僧。"起句吟颂的正是这座墓塔。

塔的右方有一直径四尺的圆窦，其内是空高约九尺的石造地宫，其左方和后方镶嵌石碑，左方为宋代常总所建，后方的为同时代的慧瑄所建。对照两碑文得知，该地宫是僧行普同塔下的一间藏骨室。常总

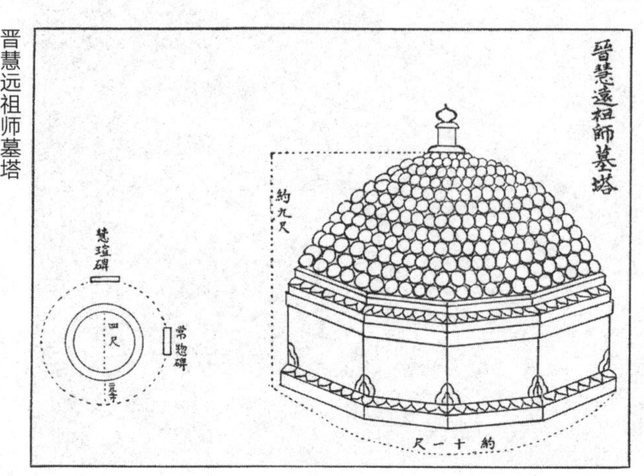

晋慧远祖师墓塔

图35-3・晋慧远祖师塔院・碑

碑为元丰七年（1084）所建。常总是黄龙慧南的法子，与祖心同门。元丰二年（1079）将东林寺从律寺敕改为禅寺时，出守南昌的学士王韶欲让常总接替祖心掌管东林禅寺，遂命祖心辞职，让道友常总取而代之。常总得知消息，半夜逃遁。由于王韶不肯罢休，常总不得已奉命住东林寺十二年。庙宇金壁照耀云烟，丛林之盛况，可谓前无古人。苏东坡所作投机偈"溪声便是广长舌，山色岂非清净身。夜来八万四千偈，他日如何举示人。"就是呈献给常总的。常总碑记载的是普通塔建设之缘由，元丰七年（1084）撰文。据碑文载：寺众中有议，曰："今寺宇既葺，而众塔未修。若有骨石暴露之事，则当愧。修普通塔之事，最不可稽缓。"监寺僧思度、知庄僧智远二人为主，白之常总，即各长舍财，又诱缁白助成之，筑之于西林寺西岗。该塔的建造方法是：在地下建地宫，方圆广狭适度，内藏舍利，外累浮图，层级参差，中规中矩，均以珍石构建。为图永久保存，在塔上盖瓦屋，在塔前设兽亭，并在距塔六十步的地方建古制方坛一座，作为阇维所。坛与塔之间，以石径连通。以此充当所有圆顶方服寂后的遗骨收藏所，而不问南北，不论夭寿。

将碑文与现存的慧远塔制造法和其右方的地宫的构造对照起来看，有吻合之处，实乃贵重的文献史

料。碑文的开头有“圣君改禅寺，后六年之所建”字样。把东林律寺改为禅寺的时间为元丰三年（1080），这一点与其他文献的记载一致。但是，文中说其后的六年是元丰七年（1084），那改禅寺的时间当然应该改成元丰二年（1079）。碑上有“东林太平兴国禅寺”的字样，这是改为禅寺之后的名称。常总在此住持十二年，从碑文中得知，住持六年时改修寺门。这座塔，在常总当时建于西林寺的西岗。（图 36-1）

慧瑄碑建于淳祐四年（1244），即常总建普通塔之后一百六十一年。根据碑文可知以下事实：开山远公塔仅千载（实际上是八百二十八年），屋宇弊陋，海会塔（常总碑文中的“普通塔”）在西岗草莽间，骨殖暴露，令见者心寒。徒弟普兴者，为首捐衣资，白慧瑄，且得寺众一致，迁海会塔祔祖塔，依诸方式立为一塔，中奉远法师，左为历代住持，右为僧行普通塔，鼎建塔院，以得香火归一。五间二厦，泊水五间，过道、方丈、门廊等甃砌圆备。初拆旧塔，得常总碑，置其于塔宫左，勒新碑于右。

据此可知，常总住持时有远公和普通二塔，而至慧瑄住持时，以远公塔为中心，左建住持塔，右建普通塔，三塔鼎立。并且还可得知常总碑保存于普通塔地宫内的缘由。慧瑄碑的位置与碑文记载的不同，文中的“右”或许是“后”之误。文首有“东林太平兴龙禅寺”字样，是常总时代的“东林太平兴国禅寺”的改称，改称年代难以考证。还有“开山远公圆悟法师凝寂塔”字样。慧远在唐会昌之后，于大中六年（852）重建东林寺时，蒙追谥“辩觉”，进而在咸通十年（869）被追谥为“澄照”，再后来，于宋太平兴国三年（978）获“圆悟”谥号。从赐塔号凝寂可知，圆悟和凝寂都是宋初的追谥。（图 36-2）

远公塔前往南，大林峰山峦连绵、巍峨耸立，香炉峰、缙经台皆遥遥可见。（图 35-1）（常盘大定 文）

图 35-2・晋慧远祖师塔院

图 35-1・从东林寺附近眺望大林峰

图 36-1 · 普通塔碑 · 拓本

图 36-2 · 三塔建立碑 · 拓本

西林寺

西林寺位于庐山东北麓，在东林寺的西侧，由东晋的慧永开基。慧永与慧远同师从道安，并先于慧远入庐山，住香谷寺。浔阳刺史陶范舍其居所为寺，此即西林寺。之后，慧远去南方的罗浮山路过庐山时，慧永劝他留在山中，建龙泉精舍。九江刺史桓伊为慧远建寺一座，以为东林寺。隔香谷而邻的这东西两寺合称二林，乃寺中名刹。范成大于宋代来此参拜，并根据诸碑文著书《吴船录》。据书中记载，西林寺由竺昙现奠基，由慧永成就。当时，庙庑已经损毁，仅存殿堂，但隋大业十二年（616）太常博士渤海的欧阳询撰西林道场碑留存至今，据碑额上题颜鲁公文可知，寺内曾有张僧繇画佛像和梁武帝的氎棉绣锦囊。

西林寺中，如今除矮小的本殿外还有一座六面七级砖塔。（图 37-1）《九江府志》说此塔为明崇祯年间（1628—1644）所建，而从塔下散落的砖上的铭文（图 37-2）“塔主宗慧大师道真，甲申庆历四年李元”来看，应该创建于宋代。庆历四年（1044）比东林寺改为禅寺的元丰二年（1079）还早三十三年。其后，经过一百三十三年，即淳熙四年（1177），范成大来到此地，但不知何故，没有对大砖塔做记载。此塔，六面七级，各层递减幅度不大，斗拱尚存，但木造的塔檐部分已经消失。（常盘大定 文）

图 37-2·西林寺·七层砖塔·铭文·拓本

图 37-1・西林寺・七层砖塔

天池寺

天池寺位于庐山顶牯岭西南三里的天池山南，宋代创建。至明代，太祖拆寺额，为周颠仙人扩建寺域。至清朝，遭长毛贼掠夺及焚毁，寺宇荡然无存。如今虽恢复寺额，但仅仅是保存了古遗址而已。寺域中可寻的古迹只有寺北山顶的天地塔和门外的石狮以及少许铁瓦。天地塔为六角砖塔，据说为宋丞相韩侂胄所建。塔身只剩下部四层，其上部在明代就已经不见踪影。(图 38-1)

石狮 (图 38-2) 应该是明代的作品。铁瓦据说是明嘉靖年间（1522—1566）明瑶修复该寺时采用的，理由是陶制瓦不能御寒。从山麓数十里外眺望，砖塔高耸云外，给光秃秃的山脉增添了无比的情趣。(常盘大定 文)

图 38-1・天池寺・砖塔

图 38-2 · 天池寺 · 石狮

栖贤寺

栖贤寺位于庐山东南麓的含鄱岭下，是唐李渤的读书之地，故有此名。栖贤寺乃赤眼禅师所建，虽为名刹，但现已归于荒颓。与宋代的圆通居讷同时住在这里的有云门四世的晓舜，其后住进来的大多属于青原法系，诸如五世的怀祐，七世的道钦、智筠、慧圆，十世的澄湜、道坚，十一世的智判等等，现今属于曹洞宗法系。(图39-1)

附近有栖贤谷，有三峡涧。据说涧旁有宝峰庵，在南宋时代是湛堂准和大慧宗杲的栖心之所，但现今觅其故址不得。门外树立的宋米万钟诗碑是证明该寺为著名古刹的一手资料。(图39-2)（常盘大定 文）

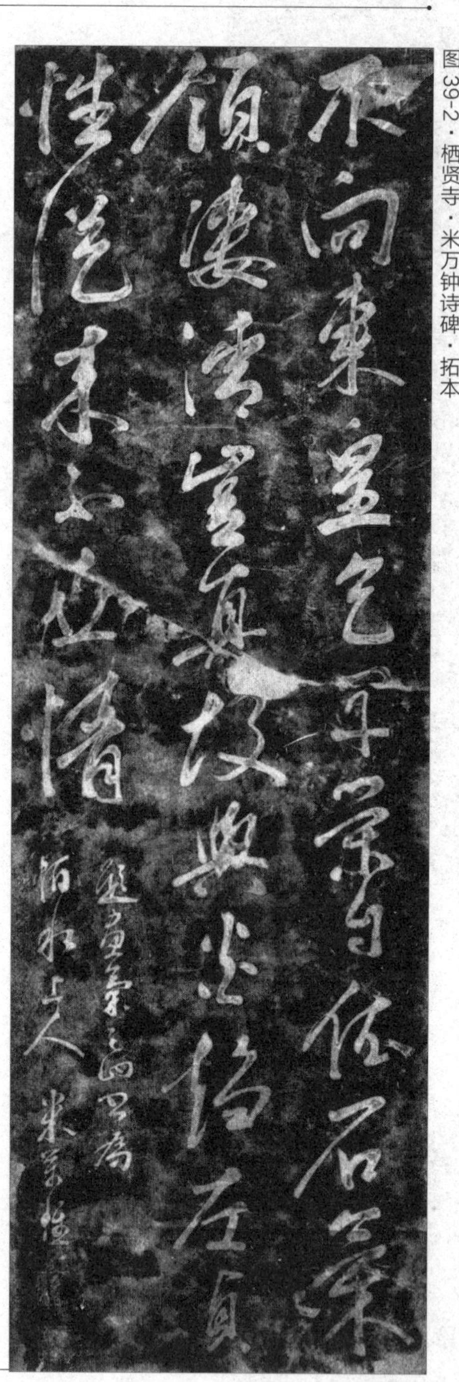

图39-2·栖贤寺·米万钟诗碑·拓本

图 39-1・栖贤寺・前景

秀峰寺（开先寺）

开先寺位于庐山东南麓，在大汉阳峰的支脉鹤鸣峰下，栖贤寺南约十五里处。至清代改称秀峰寺，沿用至今。

及赵宋时代，青原九世、云门三世的善暹来住，秀峰寺便在佛教史上留下其名。之后，青原十世佛印了元也在此住过。据说寺前有元在明代亲手种下的松树若干，其大者，树干有数十围，而现今不得而见。寺后的西方奇峰林立，有的像龟背、鹤鸣、犀牛、金鸡，有的如双剑、香炉、黄石岩。奇峰之间，北有马尾水，南有瀑布泉。唐李白“日照香炉生紫烟，遥看瀑布挂长川。飞流直下三千尺，疑是银河落九天”的诗句吟诵的就是瀑布泉。寺域的幽邃奇胜，高居庐山寺刹的首位，而如今的寺域，只遗留矮小方丈一间。尽管以本殿为首的主要建筑和配置不复存在，但是境外那条从招隐桥至堂后高台的坦坦石板路和高低两层台址，述说着堂塔伽蓝的盛世。堂后有读书台，侧岩上有宋黄山谷的七佛偈和明王阳明的纪功石刻，西方溪畔有一方形五重小石塔，可能为宋代所建。（图 40-2）

门外有一巨大石碑，其上阴刻观音像。因南岳的懒牛藏主化缘至荆州玉泉寺时，寺主钟山和尚出资以遂其志，金泰定二年（1162），开先寺住持师大便命擅长绘画的姜月镜，摹仿玉泉寺神僧笔下的观音像作画，刻于碑上。事情的原委可从刻于像左侧的师大碑题中看到。

观音像面相丰润，头上戴细丽宝冠，胸前佩纤巧服饰，右手执杨柳，左手携宝瓶，趺坐莲台之上，姿势堂堂，衣纹遒劲。虽说是唐太和年间神僧笔法的模仿之作，但其姿势、面相、宝冠、莲台、衣纹等的表现手法丝毫没有唐式特征，却显示出纯然的宋代风格。（图 41）（常盘大定 文）

图 40-1 · 秀峰寺（开先寺）· 前景

图 40-2・秀峰寺(开先寺)・背后・石塔

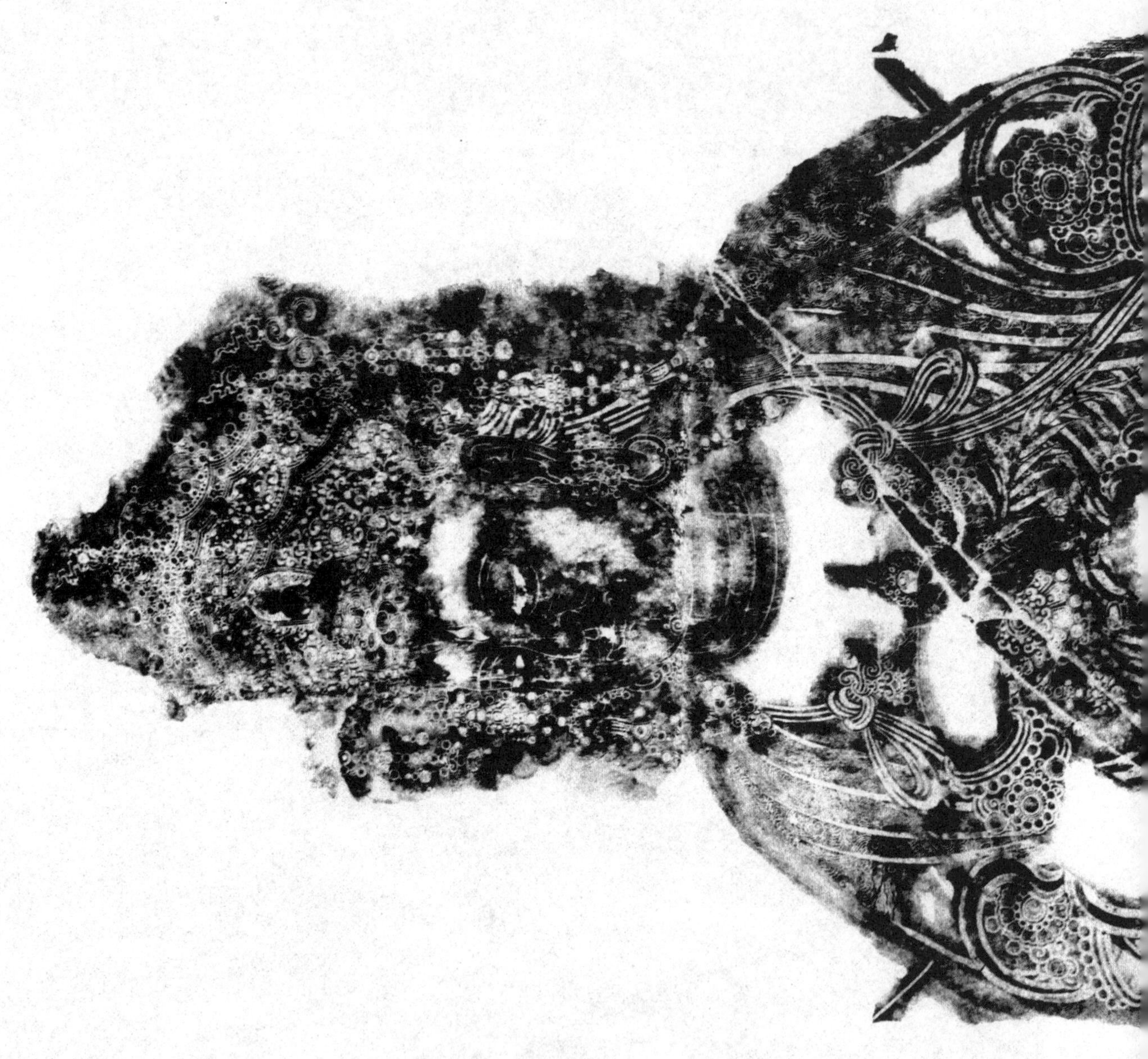

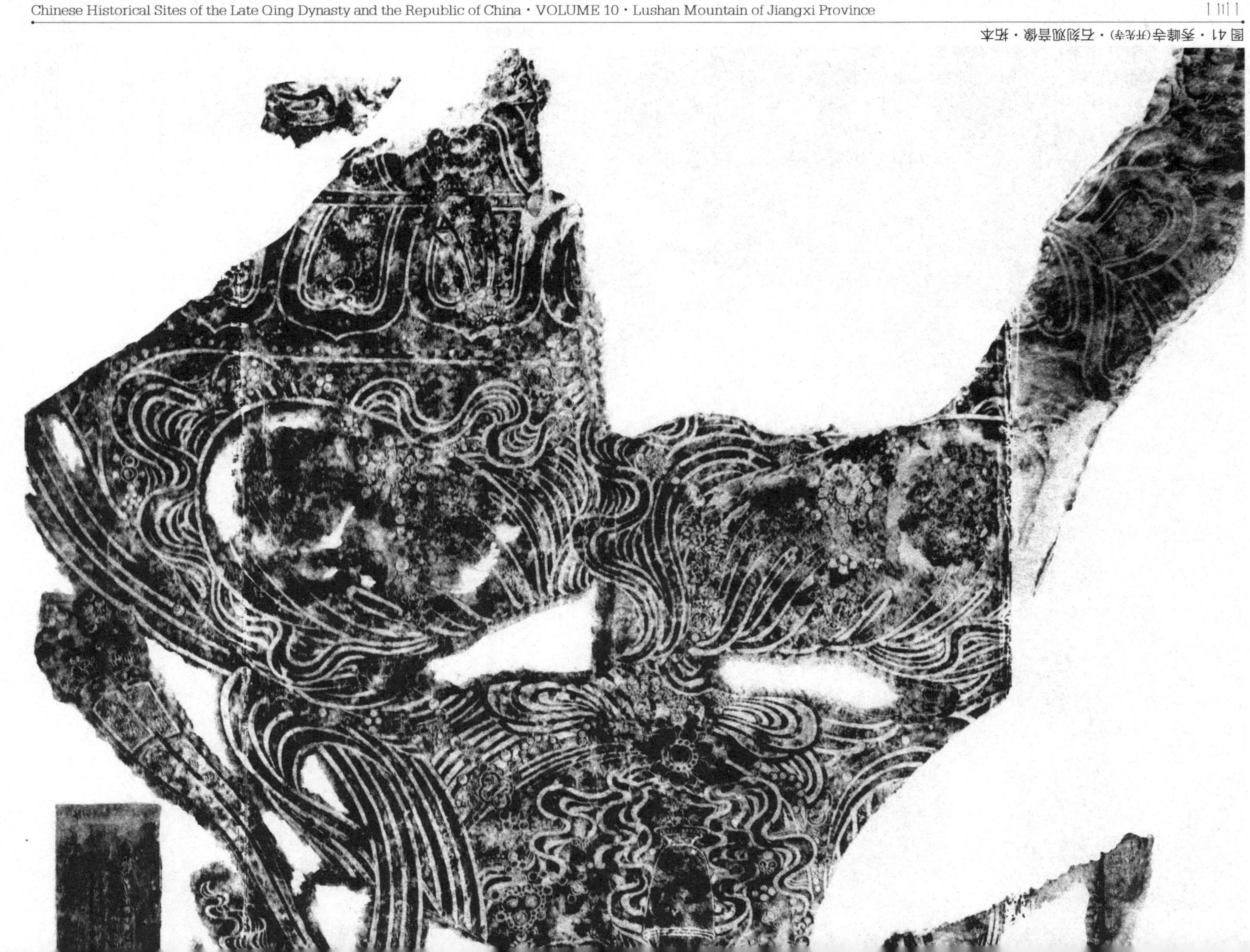

图 41・秀峰寺(开先寺)・石刻观音像・拓本

瞻云寺（归宗寺）

归宗寺位于庐山南麓金鸡峰下，在开先寺南方约十三里的地方。至清代改称瞻云寺，但归宗之名在佛教史上非常响亮。

晋王羲之为佛陀耶舍施居为寺，此即该寺的起源。唐南岳二世马祖的法嗣智常在住期间，白居易来此微服私访。其后，青原六世怀恽、宋代的南岳十二世真净克文、与大慧宗杲并称二甘露门的应庵云华、开黄龙宗的慧南、明代的达观真可大师来此游访。古往今来，住过的名僧之多，在庐山中仅次于东林寺。

现今的建筑格局以天王殿、大雄殿、毗卢殿为首，其规模虽然不大，但堂宇齐备，在庐山中位居第一。然而，可供人怀古的文物却只有庭院内的一个石造香炉台。从其样式来看，大概是宋代的作品。（图 42-2）

在寺后的般若峰东面，耶舍塔山的山顶上有一座据称是耶舍修建的舍利塔。与北方的天池塔一样，从数十里外眺望，给山势平添莫大的风趣。（常盘大定 文）

图 42-1 · 瞻云寺（归宗寺）· 三门

图 42-2・瞻云寺(归宗寺)・寺庭・香炉台石

圆通寺

圆通寺位于庐山西麓，在东林寺南三十里。与东麓的诸刹相比，地处风景平凡的丘陵中腹，只存荒废大殿一宇，不见任何吸引目光的东西。该寺在赵宋时代实为庐山佛教之柱石云门四世居讷的住所。居讷与欧阳修交情笃厚，据说，欧阳修以居讷为中心结青松社，以踵白莲社。居讷住寺后，其座下僧众济济，其中有佛印了元等名僧。仁宗召其住持净因院时，居讷自己不去，而以同为云门四世的大觉怀琏在铁船峰下修道二十余年这一众人皆知的事实，举荐大觉应召，以发挥其大禅师的威力。又有临济宋杨岐的法嗣白云守端，居讷一见他就自叹不及，推举他住持九江承天寺，使之大张禅风。还有年少的佛印了元来谒，居讷见其翰墨说："骨格已似雪窦，后来之俊也。"推举他去承天寺，继承白云。如此这般，赵宋时代的庐山，以居讷为中心，禅风张扬四海，宋代的圆通寺，僧众达三千人之多。

寺西北繁茂的荆棘丛中有一石造古坟，其地宫被发掘，塔石乱离，但坟上的墓塔，为六角石造，其结构规模不同寻常，这或许就是居讷的墓塔。(图 43-2、图 43-3、图 43-4)

图 43-1·圆通寺·全景

图 43-2 · 圆通寺 · 石庙

图 43-3 · 圆通寺 · 石庙 · 外部

图 43-4・圆通寺・石庙・内部

周濂溪墓

江西省九江市南方十里铺有周濂溪的墓，位置在十里铺左转五里处。进入榜题为“元公周夫子墓”的石门后就是总门。该墓规模堂堂，在儒家的墓中格局可与之比拟的恐不多见，可能是因为这里有周子后裔的缘故。登上总门内的石阶，便是周濂溪的坟墓。四周以石墙环绕，墓前有三碑，左右各有一碑。周子墓上刻有如下文字：

濂溪先生像赞

道脉
- 先贤宋元公濂溪周子墓　光绪癸未
- 宋赠仙居县太君周子母郑太君墓
- 宋赠　缙云县周子元配陆夫人　德清县周子继配蒲夫人　墓

环绕墓地的石墙中央，有如下三通碑：

宋知南康军濂溪周先生墓

嘉靖甲寅

重修濂溪周子墓碑　咸丰甲寅

太极图

笔者探访此地是在1922年11月28日。

（图44、图45-1、图45-2、图46-1）（常盘大定 文）

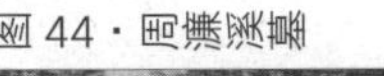

图 44・周濂溪墓

图 45-1・周濂溪墓・墓后・壁碑

图 45-2 · 周濂溪墓 · 周濂溪母公墓

图 46-1・周濂溪像碑

爱莲池

同治十一年（1872）重修《南康府志》卷三“星子县”条下载：

爱莲池在郡治内偏东，宋周茂叔守郡时凿池种莲。明成化八年（1472），知府曹凯自六老堂移二贤祠至仪门左，乃建亭于池上，匾曰“爱莲”，于前甃“之”字桥。嘉靖四十四年（1565），知府张纯重修，引水植莲，于亭中刻“爱莲说”，并题跋款识。（载县志）岁久亭圮，万历癸卯（1602），知府余炶重建，并匾于亭内，曰“君子轩”，自记。清朝乾隆二十三年（1758），石之琰立碑于池南，大书“爱莲池”三字。嘉庆十一年（1806），知府窦国华重加修葺，题其轩，曰“遗爱”。道光己亥（1839），署府吴名凤补修，自记。咸丰三年（1853）毁于兵燹，八年（1858）黔南赵廷楠、吴承眼建小屋数楹。现亦就圮，仅石碑完好。

光绪《江西通志》“爱莲池”载：“爱莲堂在府治后，宋周元公，知军州时凿池种莲，后人因作堂，朱子书‘爱莲’二字，题之。”（《舆图备考》《林志》）（图 46-2）（常盘大定 文）

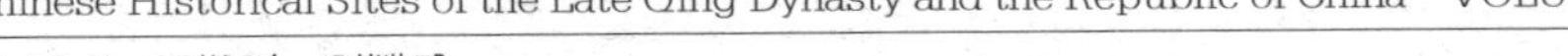

图 46-2 · 周茂叔 · 爱莲池

烟水亭

九江市南面有一甘棠湖，其名取自唐李渤的号，在唐代称景星湖。湖中有靠近市区的岛屿，上有烟水亭，据说是周濂溪的故宅。上岛时，有道士出迎。亭内有庙，前殿安置吕祖，中殿祭祀关帝，后殿供奉观音，左右有客堂。笔者走访此地是 1922 年 11 月 29 日的事情。

光绪《江西通志》卷一百十八载：烟水亭在甘棠湖堤上，宋周元公子司封郎官周寿建，取“山头水色薄笼烟”之意命名。云云。文后附载《林志》。(图 47-1) (常盘大定 文)

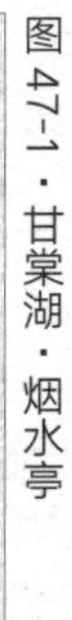

图 47-1・甘棠湖・烟水亭

面阳山

笔者常盘于 1920 年 12 月 8 日冒雨至面阳山，参拜陶渊明之墓（图 47-3），对靖节书院故址中的渊明塑像顶礼膜拜。

面阳山是庐山南面的一座山峰。满山以赤松覆盖，这在松树稀少的中国极为罕见。这里是陶渊明故居所在地，他不屑为五斗米折腰，吟诵《归去来兮辞》，辞官归卧之地就是这里。（常盘大定 文）

图 47-3·面阳山·陶渊明墓

图 47-2・面阳山・远景

五老峰

笔者常盘1920年12月5日冒着浓雾，断然从牯岭独自攀登五老峰。清晨出发，先登陡坡，在山坡尽头看到一名为吴王砦的高台。再前行十三里许，翻过山岗抵达五老峰。四周之寂静，犹如太古。又翻过几座丘陵，最后来到一险峻的山路，此处是五老峰第二峰的背山。背山被马鬣般繁茂的杂草覆盖，与之相反，南方的山体表面却是维石岩岩的绝壁。从山峰极目眺望，其景观想必宏伟之至，可是因大雾笼罩，只看得到数间开外。唯有不时吹来的山风拂开一部分浓雾，那盘屈在林立奇岩之上的老松，那隐现于老松之间的怪石，便呈现出冠绝天下之奇观。天池寺附近的锦绣谷也是巨岩重叠，黄叶红叶点缀其间，其“锦绣”之名可谓名副其实，而五老峰的巨岩则具有鬼斧神工的男性之美。吴王砦和五老峰之壮观美景令我才屈词穷。李太白祈愿在五老峰下度过余生，他说：“予行天下，所览山水甚富。然俊伟诡特，鲜有能过之者，真天下之壮观。”会发出这种感叹也是理所当然的。我来到这个天下之大观，踏上第二、第三峰的山顶，却最终没见到第四、第五峰的身影，更何况是山脚下的鄱阳湖，一丝一毫都没有望见，实在是遗憾之极。

五老峰的南麓有著名的白鹿洞书院。（图48-1、图48-2）（常盘大定 文）

图48-1·五老峰及白鹿洞书院

图 48-2・五老峰及白鹿洞书院

白鹿洞书院

书院位于五老峰下。峰南有凌霄峰、幡竿峰、狮子峰、金印峰、石船峰等五座小峰形成一道屏障，书院位于凌霄峰西南。

白鹿洞之名，来源于唐贞元中（785—804）李渤与其兄李涉隐居此地养白鹿自娱的故事。宝历年间（825—826），李渤任江州刺史时在此建台榭，这便是书院的开端。至南唐升元年间（937—942），这里建起了学馆，以赐经书、供饭食等奖励措施聚集学生，因此，时常有书生数百人来会。当时称之为白鹿国庠，这便是学校的发端。五代时期归于废灭之状，再兴之人乃宋代儒家之主周濂溪。时任南康知事的濂溪在此讲学。当时，天下有嵩阳、睢阳、岳麓、白鹿四书院并存。至南宋时，朱晦庵又任南康知事，他于此再兴书院并讲学。据说，一时间，名流陆象山、刘子澄、林择之等纷纷来此游学，尤其是陆象山鼓动热舌，慷慨陈词，论君子与小人之别，在坐者中，有人为之落泪动容。此事发生在鹅湖会后第三年，在当时，朱陆二人的学说尚未出现明确分歧。白鹿洞书院名震天下是朱子以后的事情。

书院的现状如下：先进入题有“鹿洞书院”的大门，步入榜题“名教乐地”的第二门，过贯道桥，再进入题有“白鹿书院”的第三门即来到书院的面前。在书院内，文会堂和先贤书院被山林局事务所占用，桌椅乱离。在礼圣门内，以孔子及孔门的祠堂为中心，右方有朱子祠、御书阁，左方有启圣祠、报功祠，再左边附有邵康节祠。虽然祭祀着孔子、孔门四哲、十二贤朱子的塑像，但均为新造。朱子祠背后的洞窟放着石鹿，做工拙劣。

图 49-2·白鹿洞书院·白鹿洞

文会堂，先贤书院——现被充作事务所。

御书阁。

图 49-1・白鹿洞书院・前景

朱子祠——安置朱子像，合祀十四先生神位。前有土地祠，后有白鹿洞窟。（图 50-2）

礼圣门内——安置孔子、四哲、十二贤的塑像，东西两庑安放诸多先贤的神位。（图 50-1）

启圣祠——廊壁上嵌有很多石刻。

报功祠——祭祀唐、南唐、元、明、清的诸位先生。

邵康节祠——安置邵子的小塑像。

启圣祠的两侧墙壁上有大量石刻，其中，王阳明亲笔书写的修道说、古本中庸（未完）、古本大学（未完）最令我心动，我毫不迟疑地把它们拓了下来。（图 51）

贯道桥畔的上下岩石表面有大量石刻，其中有朱子的"嗽石""鹿眠处"等大字。著者常盘走访此地是在 1920 年 12 月 6 日和 7 日。当时，这个名教灵地被山林局事务所占用，虽建筑物尚存，但如同透风的空屋一样，令人感到莫名的惆怅。（常盘大定 文）

图 50-1・白鹿洞书院・孔子像

图 50-2・白鹿洞书院・朱子像

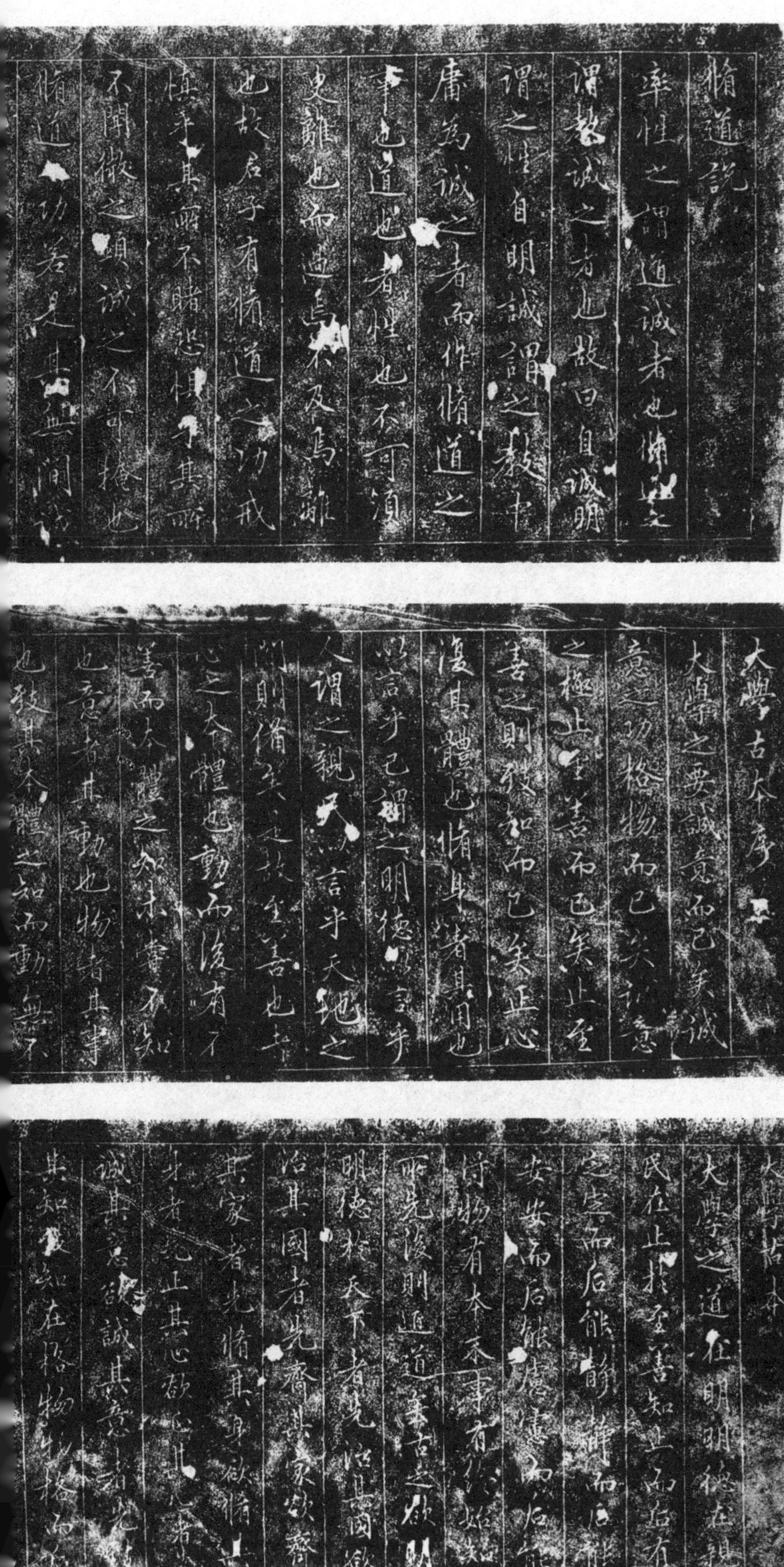

脩道說

率性之謂道誠者也脩道之謂教誠之者也故曰自誠明謂之性自明誠謂之教中庸為誠之者而作脩道之事也道也者性也不可須臾離也而過焉不及焉離也故君子有脩道之功戒慎乎其所不睹恐懼乎其所不聞微之顯誠之不可揜也脩道之功若是其無間誠

大學古本序

大學之要誠意而已矣誠意之功格物而已矣誠意之極止至善而已矣止至善之則致知而已矣正心復其體也脩身者其用也以言乎己謂之明德以言乎人謂之親民以言乎天地之間則備矣是故至善也者心之本體也動而後有不善而本體之知未嘗不知也意者其動也物者其事也致其本體之知而動無不

大學古本

大學之道在明明德在親民在止於至善知止而后有定定而后能靜靜而后能安安而后能慮慮而后能得物有本末事有終始知所先後則近道矣古之欲明明德於天下者先治其國欲治其國者先齊其家欲齊其家者先脩其身欲脩其身者先正其心欲正其心者先誠其意欲誠其意者先致其知致知在格物物格而后

图51・白鹿洞书院・王阳明书修道说、中庸、大学书刻・拓本

简寂观

简寂观是东晋道士陆修静的故居，他与慧远、陶渊明二人，以虎溪三笑的传说而闻名远近。简寂观位于比五老峰还高的大汉阳峰下，坐落在金鸡峰山麓。《庐山志》记曰：有东岳庙与观相并。但如今（1920年12月8日）不见道观，只留下东岳庙之名。这可能是由于道观缺乏生命力，因而合并二者，以庙名冠之的结果。门外石桥的状况，庙后左右两瀑的风致，与陆修静当时的故居别无二致，且门壁上有清朝时代的刻文"晋之仙士陆修静之居也"，门上张贴的对联"简而能文——，寂然不动——"等文字也清晰可见。由此可知，陆修静的故居乃"简寂观"之说普遍得到认可。笔者搜遍境内寻求古碑，终不可得，仅有庙庭中的石灯台（图52-2）令人怀古。不过，这也就是明代的产物而已。

陆修静作为虎溪三笑之一，其名广为流传，但在慧远八十三岁入寂时，他年仅十岁，因而，三笑的传说不能成立。对此，我的解释是，慧远思想开放，不受三教的束缚，与此同时，渊明和修静也呼吸着同样的时代精神，三笑之精神在于三教一致。不可否认，这个传说的背后，事实上存在着一种时代精神。

陆修静乃著名道教学者。宋明帝期间，他奉命整理古来的道书，为数一千二百余卷，其后受明帝御召进京，虽请求归卧庐山，但最终不得获准。笔者常盘访问其故居，追忆一千五百年前的古代，趣味津津。据说，作为道教的故地，庐山还有晋代葛洪、唐代吕洞宾、宋代陈搏等的道观，不过，能找到简寂观笔者已心满意足。

光绪《江西通志》卷一百二十七载：

陆修静故居在郡西十三里的简寂观前，有朝真、白云二馆，今废。修静乃刘宋时吴兴人。有道术，文帝慕之，制停霞宝辇，使仆射徐湛赐之。明帝设崇虚观、通仙台以待之。至即求归，不许，遂卒于京。赐谥"简寂先生"。《府志》《名胜志》）（常盘大定 文）

图 52-1 · 简寂观 · 前景

图 52-2・简寂观・石灯

太平宫

光绪《江西通志》卷一百二十五载：

太平宫在九江府城南三十里。唐开元中建。额曰“九天采访祠”。南唐改为通元府。宋宣和改太平兴国宫，元季毁。明洪武二年（1369），道士江梅高又兴复，罗洪先题额于门，曰“仙家采真第八洞天”。清咸丰间毁。（图52-3）（常盘大定 文）

图 52-3 · 太平宫 · 砖塔

江西九江

能仁寺

能仁寺位于九江府城中。从进入庐山的街道上，隔甘棠湖可以望见一巨大砖塔，那便是能仁寺。据说，能仁寺沿袭承天院，为梁武帝时期创建。不过，其鼎盛期则是在很久以后的赵宋时代，即在白云守端受圆通居讷的推举进入该寺大开法席，随后年少的佛印了元同样受居讷的举荐住持该寺之后。其后，至南宋时代，受太守宋公之请，大慧宗杲来此说法。

有如此背景，且拥有规模不小的大殿和法堂的能仁寺，如今在其广阔的领域内却是荒芜一片，独有一座六角七层大砖塔摩天屹立。(图 53-2) 古寺名刹呈如此状态，皆因被军队征为营地，住持之力奈何不得的缘故。法堂檐下竖立的清碑上记载着白云守端的名字，它述说着赵宋时代的历史。(常盘大定 文)

图 53-1 · 能仁寺 · 全景

图 53-2 · 能仁寺 · 砖塔

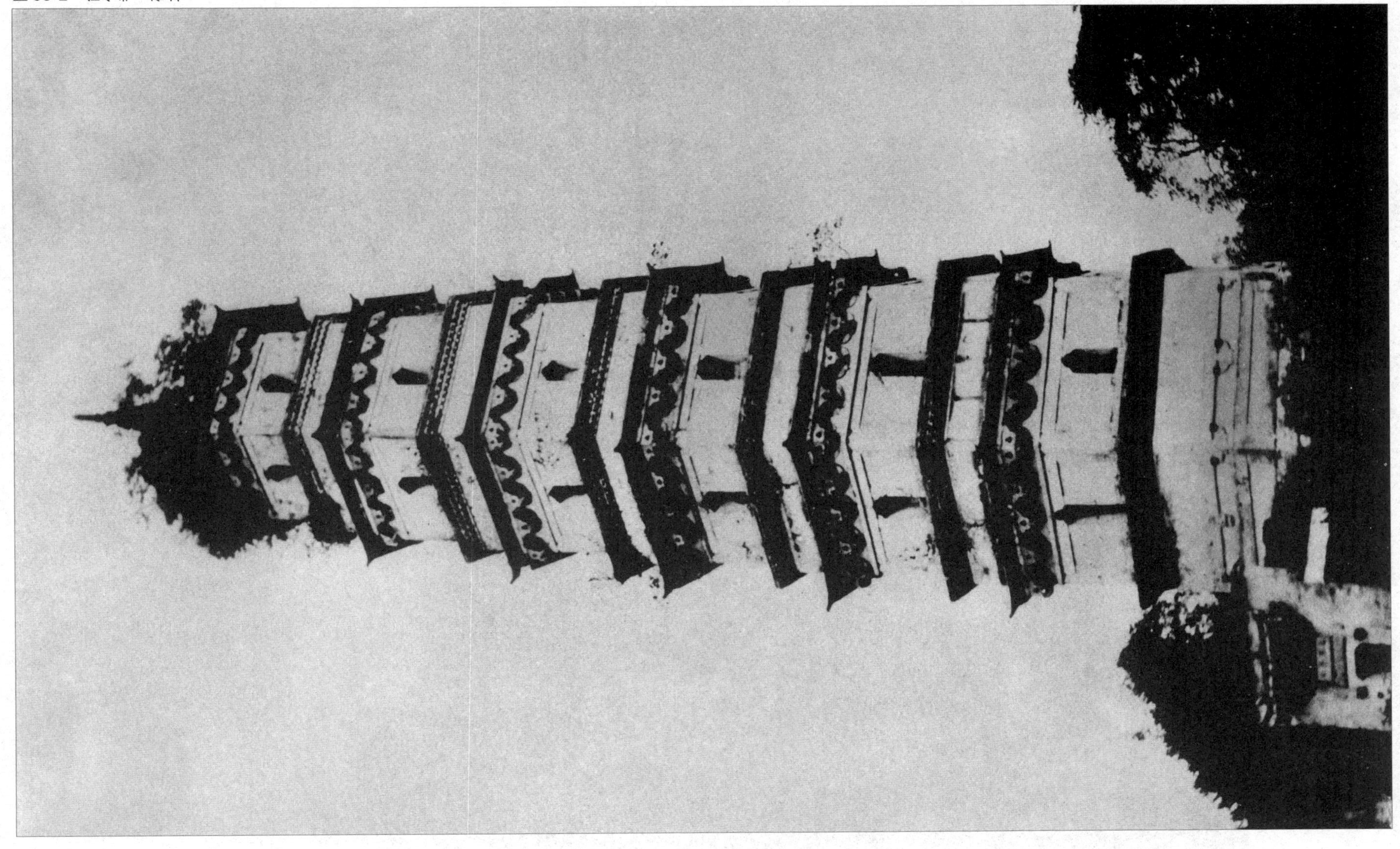

江西南昌

滕王阁

滕王阁位于章江门外赣江的右岸，为唐朝分藩的滕王所建，因王勃的诗赋而名声大躁。但据说，现在的建筑系不久前刘坤一重修之物，就连其位置是否为唐代故址也不得而知。这种说法来自 1907 年 9 月至 12 月来此探访的伊东博士的记事。（图 54-1）（常盘大定 文）

图 54-1 · 滕王阁

安徽安庆

迎江寺砖塔

《重修安徽通志》卷五十七“安庆府寺观”条下载：

迎江寺，在府东枞阳门外。明隆庆间（1567—1572）建万佛塔。有光宗御书护国永昌禅寺，特建宸翰楼贮之。咸丰中寺塔毁。同治九年，巡抚吴坤修重修寺宇并振风塔，于塔西建慈云阁，阁前建寅宾馆。

文后附载吴坤修的《重修寺塔并忠义节烈祠碑记》。（图 54-2）（常盘大定 文）

图 54-2・迎江寺砖塔

安徽九华山

光绪三年（1877）沈葆桢、刘传棋等重修的《安徽通志》卷二十七“池州府”条下，关于九华山有如下记载：

九华山在青阳县西南十里，《寰宇记》言：山有九峰，高一千丈，周围二百里，旧名九子山。顾野王《舆地志》曰：九子山，千仞壁立。唐李白陋其名，以山有九峰如莲花，易名九华。南唐宋齐邱，致政，后居此，自号九峰先生。《九华岁时记》曰：山气青白，如云非云，弥漫而起，如平水焉，出诸岭之半，青峰在其上。谓之云海。四月犹有冰，十月必降雪。刘禹锡尝谓：太华之外无奇，女儿荆山之外无秀。及登九华，而后悔其失言。峰之得名者四十有八，岩十四，洞四，岭十一，泉十九，源二，其余台、石、池、涧、溪、潭之属，以奇胜名者不一。康熙四十四年(1705)，圣祖仁皇帝南巡，遣使至山，赍御书“九华圣境”四大字，悬化城寺。乾隆三十一年(1766)，高宗纯皇帝又赐“芬陁普教”匾额。

文后附有唐李白的《九华山联句序》及明王守仁的《九华山赋》。

《江西通志》中关于“化城寺”记载说：

化成寺在九华山。晋隆安五年(401)，杯渡禅师创寺于此，名九华。唐至德中，金地藏自暹罗至此，闵让和舍地筑寺居之。建中(780—783)时，刺史张岩奏请寺名，曰“化城”。康熙四十四年(1705)重修，御书“九华圣境”匾额。

云云。

无相寺在九华山头陀岭下，唐开元初建，乃王季友故宅。宋治平中赐今额。今废。

《江西通志》卷五十五“坛庙”条下记载说：

李太白祠在九华山东岩下，今废。

仰止祠在九华山，祀明王守仁，今废。

甘泉祠在九华山，祀明湛若水，今废。

云云。（图 55-1、图 55-2、图 56-1、图 56-2、图 57）（常盘大定 文）

图 55-1 · 九华山 · 祇园寺 · 全景

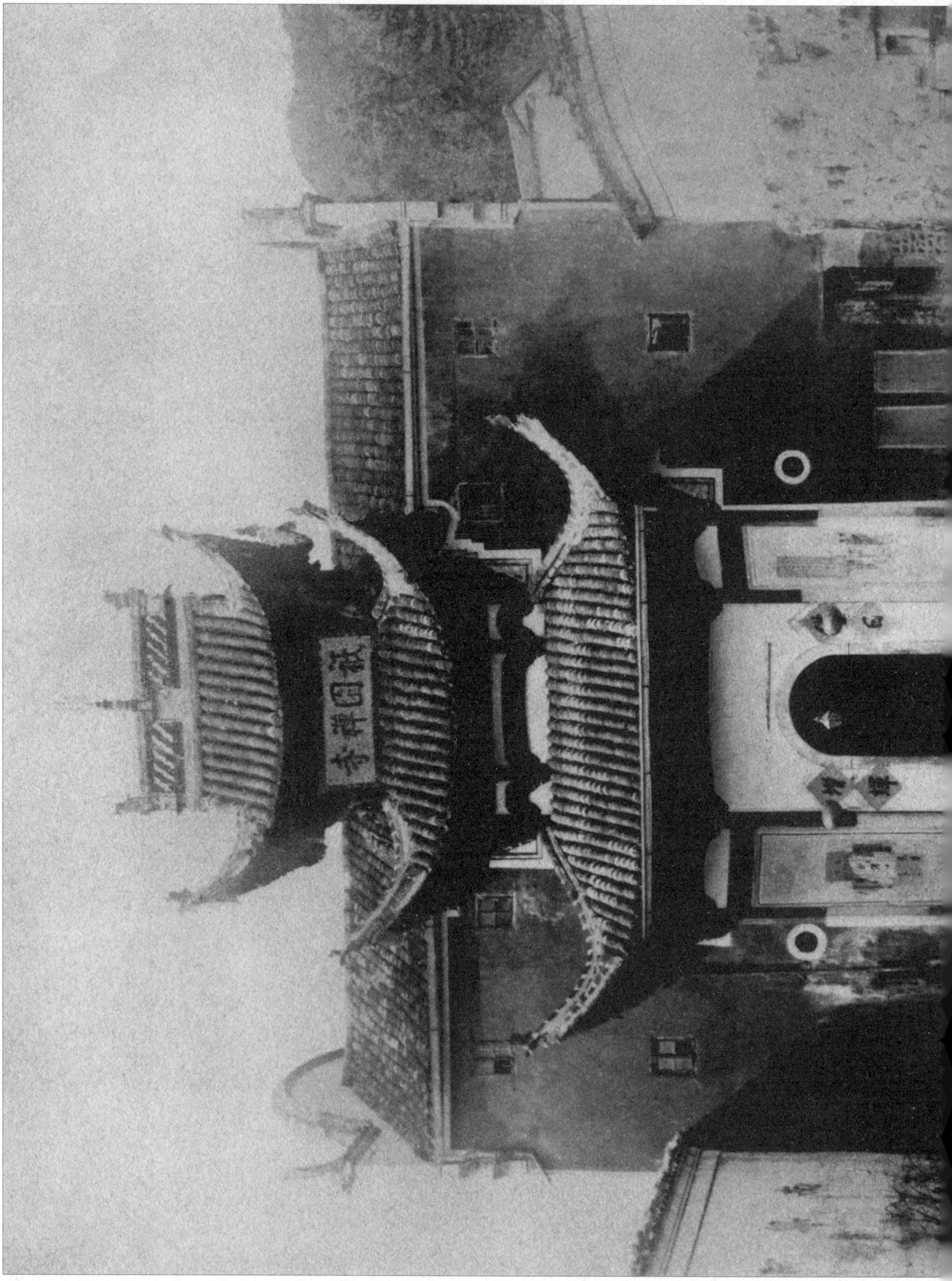

图55-2・九华山・祇园寺・前景

图 56-1・九华山・天台峰

图 56-2・九华山・王阳明祠道

图 57・九华山顶

安徽黄山

光绪《安徽通志》卷二十五“徽州府”条下，关于黄山有如下记载：

黄山在府西北三十里，旧名“黟山”，唐改今名。山高三千七百余丈，盘亘三百里。当徽、宁二府之界。世传皇帝尝与容成子、浮丘公炼丹于此。其后，又有仙人曹阮之属栖于此。汉末会稽太守陈业亦遁迹此山。《舆地纪胜》云：黄山诸峰有如削成，烟霭无际，雷雨在其下。又时有铺海之奇，白云四合，弥望如海。忽焉迸散，山高出云外，天宇旷然。山有三十六峰，水源如斯。又有二十四溪、十二洞、八岩，详具《山志》。《郡国志》称：天目高二万仞，而低于黄山者，以徽郡已与天目齐，而此山又特高也。

山中多黄连紫木，有汤泉出香溪中，常涌丹砂，浴之愈疾。西北类太华，故前世亦名小华山。

云云。

文后附载元汪泽民的《游黄山记》。

同书卷五十七“时观”条下有如下记载：

大中祥符寺在黄山。唐开元间，志满禅师建，宋改今名。

松谷寺在黄山，张真人曾居于此。松谷乃其自号，今为寺额。

慈光寺在黄山朱砂峰下。旧称朱砂庵。明万历间赐今额。康熙六年(1667)重修。(图58-3)

翠微寺在翠微峰，唐中和二年(882)修建。

云云。(常盘大定 文)

图58-1·黄山·望仙峰

图 58-2 · 黄山 · 从汤口镇眺望黄山

图 58-3・黄山・慈光寺

南京 NANJING CITY OF JIANGSU PROVINCE

牛首山 NIUSHOU MOUNTAIN OF JIANGSU PROVINCE

祖堂山 ZUTANG MOUNTAIN OF JIANGSU PROVINCE

摄山 SHESHAN MOUNTAIN OF JIANGSU PROVINCE

扬州 YANGZHOU CITY OF JIANGSU PROVINCE

江苏南京

雨花台

雨花台在南京聚宝门外的聚宝山（一名梅冈）上。梁时，光宅寺的法云在山顶讲《法华经》时忽感天华之祥瑞，故起此名。《续高僧传》卷五“法云传”条下有如是记载：法云年少，研精妙法华，往幽岩独讲斯典，竖石为人松叶为拂，自唱自导以兼通难解。法云尝于一寺讲散此经，忽感天华状如飞雪，满空而下延于堂内，升空不坠，讫讲方去。法云以为祥瑞。因有此传说，法云之名和雨花台在佛教史上地位显赫。（图59-1）（常盘大定 文）

图59-1·雨花台

高座寺

高座寺位于雨花台半山腰，因晋人称西域沙门帛尸梨密多罗为高座，而得其名。帛尸梨密多罗为国王之子，当承继王位，却以国让弟，从西域出家而来。他善持咒术，精擅梵呗。永嘉年间（307—312）

值北方之乱，他过江南下时遇丞相王导。王一见而奇之，以之为徒。他因此名显，与一代名士皆结交。因常在石子冈东行头陀，卒后就此安葬。成帝怀其风，树刹冢所。后有关右沙门于此起寺，陈郡谢琨赞成其业，追旌往事，仍曰“高座寺”。所谓石子冈，不外乎就是雨花台的一部分。据说，至梁代，由神僧宝志住持。也有传闻说，法云讲经就在该寺，为此又被称作雨花台寺。据载，寺内有铜钟碑、张僧繇的画壁、宝志的二印、法云所植的松树等，还有唐李白的族侄中孚出家在住时建造的塔，但无一现存。至宋代，改称永宁寺，明代分为二寺，西曰“高座”，东曰“永宁”。至清朝，两寺并峙，高座寺尤显宏伟，但其后荒废，今日仅遗小殿。交织于蓊蔚卉木之中的不过是沙罗树、五谷树等异木而已。(图 59-2)（常盘大定 文）

图 59-2・雨花台・高座寺

瓦官寺

瓦官寺本是河内山玩的墓地，晋元帝时期，王导将其改为制陶处，因此，便有了瓦官之称谓。兴宁年间（363—365）慧力乞该地为寺，始建堂塔，这便是瓦官寺之开端。简文帝时期，名僧竺法汰在此讲《放光般若经》，车驾临御，拓建堂宇，自此以后，该寺成为南京首屈一指的名刹，以至于僧众接踵而至，何充、戴逵、孙盛等诸位名士悉数前来。至梁代，建高二百四十尺瓦官阁，打造瑞像。至陈代，三十岁时的天台大师智顗来此讲论，是为寺门最有光彩的时期。其后，经唐代至杨吴时期，改称吴兴寺。南唐时期称升元寺。宋代初期，毁于兵燹。再建后，取名崇胜戒坛院，但再往后至明代，寺宇荒废，改为骁骑仓，一度毁灭。嘉靖年间（1522—1566），附近集庆庵的和尚从地中发现升元寺的石像，得知此地是瓦官寺的故址，便称集庆庵为古瓦官寺，在名义上使瓦官寺复活。早先，瓦官寺的寺院极为广阔，延至今日凤凰台的上下。台上有一小庵，据说这正是古瓦官寺的旧址。万历十九年（1592），僧人圆梓募资购买这块台地，大兴殿宇，将其命名为上瓦官寺，把下方的集庆庵称为下瓦官寺。上瓦官寺就是现在的凤游寺。

图 59-3·瓦官寺遗址

1920 年 12 月 16 日，笔者常盘来到凤凰台上的凤游寺探查，没有接触到任何与瓦官寺有关的东西。至台下田地间的小屋时，（图 59-3）得到一块倒在门内的石碑，碑冠处刻有“重建瓦官祝禧圣寿碑”字样。（图 59-4）据此，仅能确认此地是瓦官寺的故址。六朝的名

刹！时代的变迁！作为有心之人，我抑制不住心中翻腾的悲怆之感。

据记载，晋义熙初期，师子国敬献的四尺二寸玉像，经过十载传到瓦官寺，晋宋期间还在寺中。此外还有戴安道亲手制作的五躯佛像和顾长乐所画的维摩像。世人称以上三者为“三绝”。据传，寺内曾经还有释洪打造的金像，张僧繇绘制的壁画，晋恭帝制作的丈六金像，刘宋世子打造的丈六铜像。但是，随着时代的迁移，连寺址都无处可寻，这些佛像和绘画就更不可能遗存至今。（常盘大定 文）

图 59-4・瓦官寺遗址・倒碑篆额・拓本

鸡明寺

据说鸡明寺是梁武帝创建的同泰寺之故址。当时，该寺位于北掖门外路的西面。武帝在宫后另开一门，正对同泰寺南门，早晚去寺内讲经，出入此门。当时，同泰寺是一座气宇轩昂的巨刹，有九级浮图，有大殿六宇，有小殿及十余座堂宇。东西各有一个三层般若台，有七层佛阁。武帝在此讲经，设会，三度舍身，以祈天下幸福。大同年间（535—545）毁于天火，只残存瑞仪柏殿一宇。为此，造十二级浮图，但尚未完工就遇侯景之乱，其党范桃棒占据该寺，寺宇化为废墟，直至今日。因此，要确定古同泰寺现在的位置相当困难。有人用城北台上的明建鸡明寺来充当，有人则以法宝寺来替代。

据说，法宝寺在杨吴时期曰“千福院”，南唐改称“净居寺”，后易名“圆寂寺”，以其一半为法宝寺，“法宝寺”之额为宋代所赐。该寺与同泰寺之间的关系难以弄清。

鸡明寺为著名古刹，与钟山灵谷、摄山栖霞、牛首山宏觉等寺齐名，居明代八大寺之首。现今的鸡明寺为近代重建，在建筑方面无特别值得关注之处。但是，该寺地处城北丘陵之上，占据胜景之地，右方遥望钟山，左方近临北极阁。而且据称，后方有华林园遗迹，其内设置梁武帝收藏佛教经典的殿阁。在通往寺院的坡道左方有施食台，（图60-1）其内安放志公像，以示施食与志公的因缘。由于该寺与梁武帝有直接关系，因此看到这里有志公的名字令人深感快慰。不过，听说这个施食台是明代为安抚元代刑场的幽魂，而招西藏僧所建。登坡至寺门，上题“古同泰寺”，再往里走，中门的左右题有“齐梁胜迹”“支许奇缘”的对联。据记载，钟山灵谷寺宝志大士之法函迁埋此山，并建五级塔。但如今，其塔不存。（常盘大定 文）

图 60-1 · 鸡明寺(同泰寺) · 全景

陀佛
阿彌

图 60-2・鸡明寺(同泰寺)・前景

灵谷寺

钟山灵谷寺的前身是梁武帝时的开善寺，位于南京朝阳门外十里处。(图61-2) 钟山一名紫金山，山中本来有延贤草堂、宋熙、灵味、兴皇、大爱敬、竹林、定林钟山等七十寺，在佛教史上皆赫赫有名，但无一现存。梁武帝天监十三年（514），宝志大士入寂时，武帝缅怀曾与志公共攀钟山独龙阜，俯仰古今，执腕交谈时的情景，将其葬于钟阜，在墓前建塔寺，名曰“开善寺”。因敕任三大法师之首的名僧智藏住持，开善之名在佛教史上极为响亮。开善寺为钟山七十寺之一，是等七十寺在齐梁以后逐渐兴衰，往后至赵宋时代，王安石合诸小刹为太平兴国寺时，开善寺也被并入其中。至明代，为在此建孝陵而迁该寺至东侧，改名“灵谷寺”。灵谷寺并非原本的古开善寺，由于开善寺在七十寺中最为著名，因此，大多寺院标榜自己是开善寺的故址。

进入题有“敕建灵谷第一禅林”的外门，步入榜

图61-1·钟山·灵谷寺(开善寺)

有“普济圣师志公真身道场”的山门，中央有大雄宝殿。(图61-1)殿前有一巨碑，只存龟趺，不见碑身。殿后有无梁殿，如同废墟一般。其后方有龙王殿及五方殿的遗址，五方殿遗址后方的山丘上有志公殿，石阶下刻有吴道子画志公像，其上添加李白赞和颜真卿书。或许是因为“三绝”之名盛传的缘故，此等雕刻均为近代的仿制品，表现手法甚为拙劣。据说，开善寺兴建当时，敕陆倕制墓志铭于冢内，王筠勒碑文于寺门；永定公主建五级浮图于墓上，赐琉璃珠为塔表；张僧繇画遗像，建开善寺于塔前。但时至今日，无一现存。《宝华山志》卷七中收录陆倕撰《志公大师墓志铭》，说志公天监十三年（514）在华林园佛堂坐化。笔者常盘于1920年12月访问此地。(常盘大定 文)

图61-2・钟山・全景(从鸡明寺眺望)

清凉寺

在南京城内西边有座清凉山，与东方的北极阁遥遥相对。其西边的石头城上有清凉禅寺。该寺建于杨吴顺义年间（921—926），当初称“兴教寺”，南唐时改称“清凉道场”，至后周成为法眼文益的住所。此后，该寺作为禅宗五家之首的法眼宗的发祥地，在佛教史上取得重要的地位。

至宋太平兴国年间（976—983）改名“广慧禅寺”，至明初又恢复“清凉寺”之名。（图 62-1、图 62-2）1920 年 12 月 15 日，笔者常盘探访此地之时，看到方丈内悬挂法眼正宗清凉堂上第二代圆寂法师的肖像，因此得以确认该寺乃法眼宗的本道场。眼前的寺庙，破败衰颓，仅存殿堂一宇，无任何东西可供我们回顾文益的过去。据传，苏东坡曾以弥陀像和诗词相赠，当然，这些也散失殆尽。

文益，余杭人，七岁出家新定智通院，依全伟禅伯。弱年得形俱无作法于越州开元寺，又从律匠希觉师于鄮山育王寺，游文雅之场，研究教乘，傍探儒典。振锡南游，止于长庆，已决疑滞，遂参见漳浦罗汉桂琛。罗汉素知文益在长庆颖脱，锐意接之。由玄沙与雪峰血脉殊异，文益疑山顿摧，正路斯得。寻游方却抵临川，受邦伯之命居崇寿院。四远之僧求益者翕然而至，海参之众不减千计。江南国主李氏迎住报国禅院，后迁入清凉寺，朝夕讲法。诸方丛林咸仰风化，致异域有求法者涉远而至。后周显德五年（958），七十四岁时圆寂，私谥曰“大法眼”，塔号“无相”。城下僧寺，具威仪礼迎，引奉全身于江宁县丹阳乡起塔。其法嗣有天台德韶，钟山道钦，吉州文遂和惠炬等。德韶和文遂乃江南国之导师，惠炬为高丽的国师。继承师业后，德韶国师等化旺东南，遂创法眼宗旨。

法眼文益的法系如下：

雪峰义存——长庆慧棱
雪峰义存——雪门文偃
雪峰义存——玄沙师备—罗汉桂琛—法眼文益

法眼以不立文字之修禅及《妄尽还源观》《华严论》《百门义海》《涅槃经》等经论提撕学徒。法眼宗在禅宗五家中最晚形成，相对于临济宗的“痛快”、沩仰宗的“谨严”、曹洞宗的“细密”、云门宗的“奇

古”宗派，法眼宗享有“详明”之评价。在讲解华严教理方面，较其他易于理解。南宋的朱子说：法眼家所言易得要领，而临济家所言如铁钉漆汁不可消化。可以说，在五家中，法眼宗与教家拥有的共同点最多。法嗣有德韶，法孙有延寿，博学者辈出也是理所当然。法眼宗在宋代颇为流行，但在五家中，继沩仰宗之后，早早地断了法系。估计是被教外别传的风格最为多样的临济宗压倒所致。（常盘大定 文）

图 62-1・清凉寺・全景

图 62-2 · 清凉寺 · 门

文庙

光绪六年续纂《江宁府志》卷五载：

上元、江宁两县学，同治八年(1882)建，地滨秦淮。苦潦加高三尺，殿加高八尺。庙居水北，因淮为津。池南有照壁，筑堤环抱，曰“月牙”，泮池之义也。东为利涉水桥、奎星阁，西为文德桥、得月台、高库齐。左右街有坊，街南临淮，周以石栏。有大成泉。街北偏西有八角亭，又西有方亭，街北正中有牌坊，曰“天下文枢坊”。又北为棂星门，又北为戟门、大成殿、两庑，皆如旧制。

云云。(图63-1、图63-2)

上述文庙是以前的县学，而供奉夫子的文庙位于淮水西门内。此文庙的前身是朝天宫，宫内棂星门、戟门、大成殿、后殿以及左右的庑廊井然有序，堪称南京第一大建筑群。(常盘大定 文)

图 63-1 · 南京文庙 · 全景

图 63-2・南京文庙・牌楼

贡院

所谓贡院，即举行乡试的场所，据说可容纳考生一万人。乾隆元年（1736）尹继善、顾琮等修纂的《江南通志》卷九十一，关于贡院有如下记载：

贡院在江宁府诚县学东，明景泰间建。中有楼，曰“明远”，堂曰“至公”。左右为监临提调院，列以眷录、对读、供给诸所。堂前为东西文场号房，堂后有池，架桥于上，曰“飞虹”。桥北有门，其后有堂，七间中的三间为衡鉴堂，左右各二间为主考官燕室。左右掖皆有屋，为五经同考官之所居。前有写榜、刻刷、内厨诸所。隆庆间，都御史盛汝谦购隙地，绕以土垣，四围以巡警。外设公馆及群舍，以备供馔。雍正二年（1724），总督查弼纳捐资增设号舍。十年（1732），署总督尹继善又捐修堂帘，增广号舍，规制甚备。

文后附载的《吴节重修碑记》说：

贡举有院，内外通制也。南京应天府为天下贡举首，其制度亦必为四方所取法。设科以来，其地凡四易，洪武初，以北城演武场为地。永乐中，移于郡县之文墀宫。正统间，复徙武学之讲堂后，士多地隘，非辟庑毁垣不足容。景泰初，府尹马谅将修述职之典于朝，乃进耆宿而咨之。咸曰，“秦淮之阳有地廓，如前武臣没入废宅也。”

云云。（图 64-1、图 64-2、图 65-1、图 65-2）

（常盘大定 文）

图 64-1 · 南京贡院 · 内部

图64-2・南京贡院・外部

图 65-1・南京贡院・至公堂

图 65-2・南京贡院・号舍

明故宫

南京城有一郭向东方斗出，其中央还绕有方形城墙，正面开有午门，东有东安门，西有西安门，北有北宁门，但如今（1918）均已荒废，唯废墟残留。午门最大，至今还有宏大的砖造基台，开有五门，早先其上还建有楼阁。(图 66-1) 门内有河，名曰“五龙桥”的五座石桥并架其上。(图 66-2) 深处曾有宫殿，但如今荡然无存，只有一粗糙的西洋建筑，用作古物保存所，其中陈列着南京及其周边发现的遗物，没有特别值得关注的东西，只记得里面陈列着三四十块汉代至六朝时代的土砖。(关野贞 文)

明故宫位于城东隅，是明太祖的居城，其规模几乎与现在的北京城相等。在相当于现在的紫禁城的那部分里也规矩地建有一郭，其大小约有三百六十平方丈，正面开有三阙午门，内有迂曲的金水河，架有五座金水桥。过桥后有一门址，接着有三大殿址，然后是复门遗址，之后又是殿址，再其后为后载门，即相当于北京的神武门，郭的东西有东西安门。如今，城内完全归于废灭，难以推考其整个规模。

以上是 1907 年 9 月至 12 月的伊东忠太博士的报告。(常盘大定 文)

图 66-1 · 明故宫 · 午门

图 66-2 · 明故宫 · 五龙桥

明太祖孝陵

明太祖孝陵位于钟山南麓，(图 67-1) 最前面有门，立有大石碑。(图 68) 门内并排着狮子、骆驼、象、马等石像。石象等与实物同样大小，而且用整块石材雕刻而成。(图 70-1、图 70-2、图 71-1、图 71-2、图 72-1、图 72-2) 再往前有石柱 (图 67-2)。接着并排着文武官员。(图 69-1、图 69-2) 最深处是陵墓。在中国，自汉代开始就在墓地建设上推陈出新，在墓前立石人，并排石狮、石虎、石马、石羊等。这一建制曾一度衰退，但至唐代再度盛行，形式最为完备，并一直沿用至清代。(关野贞 文)

明太祖陵位于朝阳门外，钟山南麓。首先有一面南的大红门，接着有碑亭，内建大明孝陵神功圣德碑。碑高三十二尺。由碑亭向西拐，有十二对石兽，相距各一百五十六尺。接着有一对华表，向北拐有四对石人，再经由长长的参道到达陵墓。陵墓为人造的巨大圆锥状丘陵。以上是 1907 年 9 月至 12 月伊东忠太博士撰写的报告。(常盘大定 文)

图 67-1・明孝陵・前景

图 67-2・明孝陵・石柱

图 68・明孝陵碑

图 69-1·明孝陵·文石

图 69-2・明孝陵・武石

图 70-1 · 明孝陵 · 石驼

图 70-2・明孝陵・石象

图 71-1・明孝陵・石狮马

图 71-2 · 明孝陵 · 石海马

图 72-1·明孝陵·石马

图 72-2 · 明孝陵 · 石狮

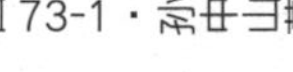

图 73-1・孙中山墓

方正学墓

方正学墓与李杰墓同在雨花台。

乾隆元年（1736）尹继善、顾琮等修纂的《江南通志》卷三十七载：

文学博士方孝儒之墓在江宁县聚宝山旁。孝儒被磔死后，都督廖锈拾其遗骸葬之。见郑晓吾《学编》。或云：其门人王稌之辈收葬；或云：土人窃葬。万历十九年(1591)，礼部主事汪应蛟、汤显祖撰文立石，以表其墓，尚书王弘海、赵用贤竖坊祀之。三十三年(1605)，处士徐鲸又捐资修墓。

云云。(图 73-2)（常盘大定 文）

图 73-2 · 方正学墓

梁墓

从南京尧化门车站至栖霞寺车站之间，沪宁铁道沿线有梁萧侍中墓、始兴忠武王墓、安成康王墓，以及张家库的梁墓。以下将介绍1918年探访此地的关野贞博士的相关记载。

安成康王墓

安成康王是梁武帝的第七子，天监十七年（518）去世，其墓在甘家巷。如今，在空空如也的民宅一侧，打头的是一对石碑，接着是石阙、石碑，其后立着石狮一对。梁墓中最具代表性的就是这座安成康王墓。石碑下有石龟做台，其上立着碑身，碑首呈圆形，周围雕龙，碑面开有汉代遗制的圆孔。篆额的周围刻有龙和唐草，碑侧也雕刻着奇异的图纹。(图74-1)石阙为带有竖沟的高柱，立于刻有动物的石台上。石阙上方有一长方形匾额，刻着某某王的神道等字样，即意味着这是陵墓的参道。然而刻字磨灭，不可识读。(图74-2)石狮长约十二尺，高九尺五寸，呈雄健奇拔之姿势。(图75-1)（关野贞 文）

图 74-2 · 梁安成康王墓 · 石阙

图 74-1 · 梁安成康王墓 · 石碑

图 75-1 · 梁安成康王墓 · 石狮

始兴忠武王墓

始兴忠武王是梁武帝第十一子，普通三年（522）去世，其墓位于安成康王墓西面约八町（町，日本长度单位，一町约合109米）的黄城村。现存的只有田间的石碑和石狮而已。石碑稍完整，与前者（安成康王墓碑）形状相同，其下有石龟，但现在完全埋入土中。（图75-2）石狮，无论是这里的，还是安成康王墓那边的，形式都毫无二致。在碑的东侧约五十间处有一对石狮立于田间，但感觉是其他墓地的所有物。（关野贞 文）

图 75-2 · 梁始兴忠武王墓 · 石碑

萧侍中墓

萧侍中墓位于太平门外东北三十里一个名为“花岭”（古书中的“花林”）的小村庄的水田中。神道的石柱，高出地面约十六尺五寸，下部饰瓦楞纹二十四道，上部有伞状盖，盖上置狮像。伞盖下有匾额，以反字刻“梁故侍中抚将军开府仪同三司吴平忠侯萧公之神道”。（图76、图77-1、图77-2）距石柱前数十步处有石狮，其造型颇为奇特，大概与石柱为同一时代的产物。（这一节是1907年9月至12月探访此地的伊东忠太博士的记事）（常盘大定 文）

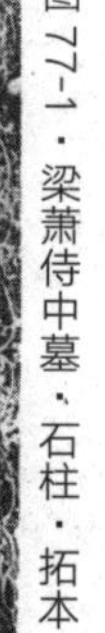
图77-1·梁萧侍中墓·石柱·拓本

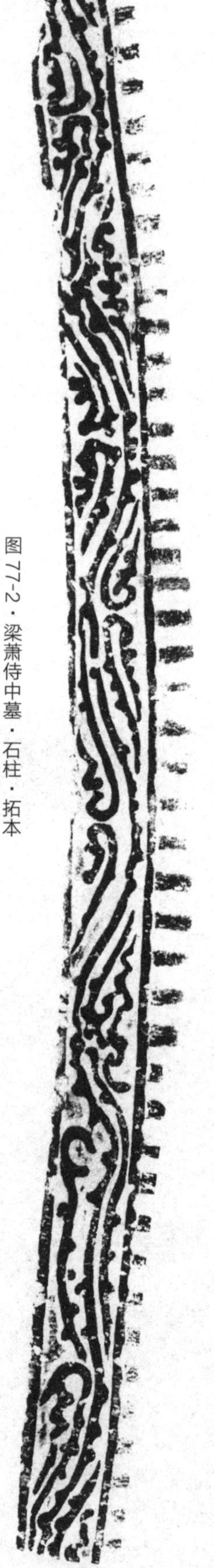
图77-2·梁萧侍中墓·石柱·拓本

图 76・梁萧侍中墓・石柱

临川靖惠王萧宏碑

这些立于梁墓前的石碑，建造年代接近，因此其样式手法几乎一致，都是下具龟趺，上立碑身。龟趺大概是从汉碑下刻龟蛇即玄武发展而来的。龟为写实风格，手法简朴。碑身立于龟趺之上，其头部呈半圆形，其外部轮廓的左右各并刻两龙，龙身卷合，呈纠结的绳状，此乃汉碑晕纹之变化。半圆头的中央凿有称为"穿"的圆孔，其上方造长方形碑额，这也是汉碑的遗制。并且，在碑穿的周围饰有莲花，在左右作有蟠龙，上雕鬼怪，下刻珠宝，并以珠宝为中心，在其左右雕刻鬼怪及忍冬纹。其意匠之丰富，手法之雄拔，卓越古今。此外，碑身周沿通常也刻有雄丽的忍冬纹，碑侧往往也在以带状忍冬纹围成的方格内雕刻鳞凤鬼怪等图形，把雄浑卓落之气象发挥得淋漓尽致。(图 77-3)（关野贞 文）

张家库梁墓 | 石狮

图 77-3 · 梁临川靖惠王萧宏碑 · 碑冠 · 拓本

图 78-1 · 梁墓(张家库) · 石狮

花林村梁墓 | 石狮

不知是何人之墓。此处除石狮一对之外，还有一碑趺埋在土中，只露出极少部分。(图 78-2)
(关野贞 文)

图 78-2 · 梁墓(花林村) · 石狮

江苏牛首山

普觉寺

牛首山，即《高僧传》中所谓的牛头山，位于南京的南门，在聚宝门外二十五里处，是佛教史上占有一席之地的牛头禅的发祥地。牛首山有二峰，间隔约十里。如今称北方的为牛首山（图79-1、图79-2），南方的为祖堂山（图79-4）。位于牛首山顶的是古佛窟寺，现名普觉寺（图79-3）；而位于祖堂山腹的则沿用古名，现在仍称幽栖寺。

普觉寺的创立者，《江宁府志》认为是梁天监年间的司空徐度，而《金陵梵刹考》却说是僧明庆，认为是他的禅房。最初称佛窟寺，乃唐代初期法融禅师阅藏及开教之所。法融是润州人，穷究翰林宝典，认为："儒道俗文，信同糠秕，般若止观，实可舟航。"于是依茅山的三论宗学者炅法师剃度。他认为"慧发乱纵，定开心府，如不凝想，妄虑难摧"。于是他凝心宴默于空林，息虑长达二十年，以至于人皆称之"懒融"。由此，他悟入妙门，得百八总持，趣言三一，悬河不穷。不出数年，聚集到牛头山幽栖寺北岩下禅室的息心之士多达百余人，甚至还令禽兽悦服。贞观二十一年（647），在岩下讲《法华经》，出现不可思议的感应。永徽三年（652）受邑宰之请，前往南京的建初寺，讲《大品般若》。显庆元年（656）应司空萧元善之请，再次去建初寺开讲。第二年在南京入寂，葬于鸡笼山，会葬者多达万余人。

法融禅师无师独悟，其法系被称作牛头禅，从此派系产生了牛头山的法持、慧忠、玄素，径山的道钦，西湖的鸟巢等禅师，因此在唐代拥有与达摩宗相当的势力。法融比达摩宗的六祖慧能还早出世两代，这一点值得特别注意。

图79-1·牛首山·北面

牛首山有大小砖塔两基，还有观音洞、文殊洞、舍身洞、辟支洞，顶峰有兜率岩。《续高僧传》"法融传"中说有七藏经画：（一）佛经、（二）道书、（三）佛经史、（四）俗经史、（五）医方图符。宋初刘司空，倾巨富之财访写之，永镇山寺代代守护。贞观十九年（645）夏旱失火，二十余寺并此七藏归于煨烬。虽然著者道宣为之痛心疾首，但如此记载，令人难以置信。大雄殿、毗庐殿、观音窟、文殊窟的主尊均为近代之作，大雄殿里保存的铁佛半身造像还略有看头。（图80-1）

观音窟下有一石塔，号称铁板道人舍身塔。（图82-1）

寺前的山崖下也有五座造型相同的石塔，（图82-2）大概都是明代以后的住持的墓塔。文殊窟中的日宫和月宫娘娘像属于道教。

当初被称作佛窟寺，至唐代改称长乐寺，或称资善院，又称福昌院。至南唐称宏觉寺，宋代改名崇敬寺，明初又称佛窟寺，正德年间命名宏觉寺，至清代改为普觉寺，现在仍随此称。在明代，为金陵八大寺中位居第一的古刹名寺，但如今衰颓不堪，唯有大砖塔一如原样，高耸半空。现引《辟支佛塔记》中道

图79-2·牛首山·南面

图 79-3・牛首山・普觉寺

林志公对宋明帝说的一句话来解释为何称其为“佛窟”，他说：“文殊领一万菩萨，夏居五台，冬居牛首，又辟支佛入定于此，由是称其寺曰‘佛窟’。”由此可知，该名称兴起的年代非常久远。

普觉寺有大小二基砖塔。大者为八面七级，位于寺域左方的林中，屹然摩天，远在数里之外都可望见。各层的木造斗拱及屋盖散失，唯有砖筑的壁体留存；(图 80-2) 小者为四面五级，构造甚简，位于寺后的林中 (图 81-1、图 81-2)。《佛祖统纪》卷四十一载：唐代宗大历九年（774），“帝梦建康牛首山辟支佛来见，敕太子詹事古佚，于山中建七级浮图”。其塔应为木造，现塔为宋代所建。小砖塔的底层内有壁碑，上刻皇祐二年（1050）长干圆照大师普庄撰写的碑记。记中首先讲述佛窟寺的由来，并记载了天圣年间（1023—1031）有僧人德铨欲在山顶建造砖塔，在府城信人高怀义的帮助下，于皇祐二年（1050）三月动工，八月建成一事，以及塔通高四丈五尺，其下葬舍利，其内安置辟支佛的夹苎像一躯等情况。(图 81-3)（常盘大定 文）

图 79-4・祖堂山(从普觉寺眺望)

图 80-1 · 牛首山 · 普觉寺 · 大雄殿 · 铁佛

图 80-2 · 牛首山 · 普觉寺 · 大砖塔

图 81-1・牛首山・普觉寺・小砖塔

图 81-2・牛首山・普觉寺・小砖塔・一部分

此文辟支迦入定之所即稱爲佛窟寺上有巖洞幽潛磅礴中鐫眞
隱世傳辟支宴坐之洞也西竺曰辟支迦唐云緣覺因觀十二因緣
而覺性明悟又云獨覺觀四時之凋變知諸識之何依无師自悟稱
之獨覺其或靈山隱秀名洞棲眞因其所居即爲化境矣若夫道之
汚隆地有興替得其盛者繫於人焉當寺自天聖年中有僧德銓發
力自効遍慕檀信欲於山頂建造塼塔以標勝跡歲月茲久工力未
就乃有　府城信人高懷義嘆之因循慨其湮沒遂集衆力同而
成之即於洞前按圖定址審曲面勢下葬舍利上建塼塔崇高四丈
五尺中安辟支佛夾苧像一軀粹容儼若寶塔高妙瞻者覩者罔不
發菩提心耶噫人之生以寒暑之勞朝營夕謀豐衣厚食不啚一善
至於齒觀髮華乾沒乎世者有之矣若　高氏生能構斯善鳩舉
衆類建是塔作是緣鎮此名藍標于勝槩是不朽之矣長干圓照大
師晉莊因覩斯善合掌讚嘆云爾皇祐二年歲次庚寅春三月三日
起工八月望日落成後三日謹記　顧清書　李墊刊
興塔僧德銓　殿主僧德勤　維那僧德誠　寺主僧處眞

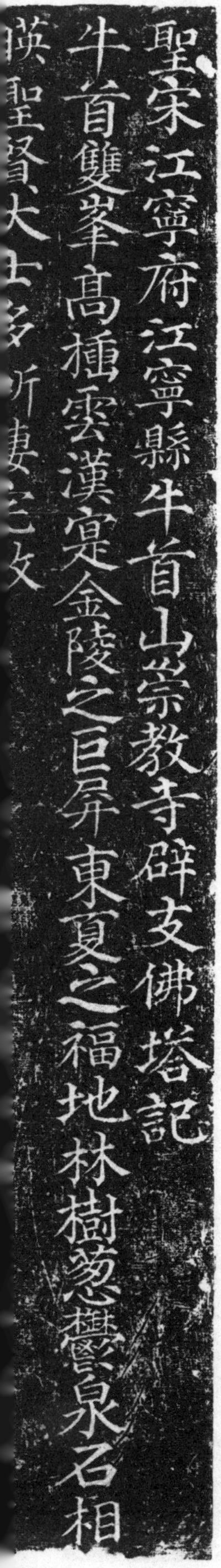

聖宋江寧府江寧縣牛首山崇教寺辟支佛塔記
牛首雙峯高槫雲漢寔金陵之巨屛東夏之福地林樹葱鬱泉石相
暎聖賢大士多所棲之攸

图81-3・牛首山・普觉寺・塔内壁碑・拓本

图 82-1·牛首山·普觉寺·法师塔

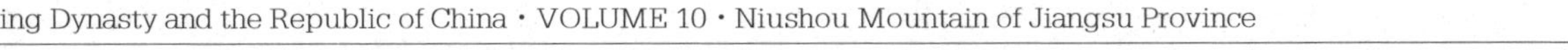

图 82-2 · 牛首山 · 普觉寺 · 法师塔

江苏祖堂山

幽栖寺

幽栖寺为唐法融禅师创建，其后，至1918年为止，共有四十七世住持。清朝末期在第四十三世缘度时中兴。其后经第四十四世慧海，第四十五世道元，第四十六世仰高岗，最后到现在的住持广慧。该寺虽为近代新建，但以金刚殿、大雄殿、毗庐殿为中心，大小建置具足，形成气派堂堂的伽蓝。(图83-1)大雄殿的三尊(图83-2)以及其背后的观音像均为光绪年间新设。

关于该寺，在《续高僧传》中有记载曰：祖师法融“贞观十七年(643)，于牛头山幽栖寺北岩下，别立茅茨禅室。日夕思择无缺寸阴。数年之中息心之众百有余人”。寺的左侧有一祖洞，《续高僧传》中有言及：“山有石室，深可十步。融于中坐。忽有神蛇长丈余。”祖洞的山崖下有虎爪穴，《续高僧传》中有“山素多虎。樵苏绝人。自融入后往还无阻”的说法。寺后的山腹有献花岩，《续高僧传》中关于此也有“贞观二十一年(647)十一月，岩下讲法华经。于时素雪满阶法流不绝。于凝冰内获花二茎。状如芙蓉，璨同金色。经于七日忽然失之。众咸叹仰”的记述。法融之后，牛头宗第六祖慧忠、其后的玄素等曾在此住持。据《金陵梵刹考》记载，幽栖寺创建于宋大明三年(459)，至唐代，法融以后改称祖堂寺，唐末光启四年(888)一度被废，杨吴大和二年(930)重新设置，改称延寿院，其后又恢复幽栖寺之古名。

寺内左方前隅有祖师衣钵塔，寺外通道下方丛生的荆棘中有石塔两基，皆为明代以后的法师墓塔。(图83-3)(常盘大定 文)

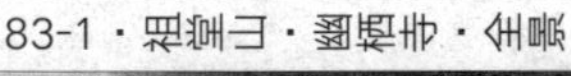

图 83-1 · 祖堂山 · 幽栖寺 · 全景

图 83-2・祖堂山・幽栖寺・大雄殿・三尊像

图 83-3・祖堂山・幽栖寺・法师塔

江苏摄山

栖霞寺

栖霞寺位于南京东北的摄山，比钟山更靠东北，距沪宁铁路栖霞站仅二里左右。该寺是南北朝时期新三论宗的发祥地，在佛教史上非常著名。寺中有五级石塔，还有千佛岩，其后方更有天开岩奇观，是名副其实的南京第一名刹。

摄山由南齐的高士明僧绍开山，栖霞寺由同时代的法度奠基。明僧绍无意世荣，潜迹东海，亲内外书籍，尤其精通佛教。在刘宋的顾欢著《夷夏论》主张中夏国民不要外夷佛教时，明僧绍发表《正二教论》，站在公平的立场上，对老佛二教进行了比较，指出顾欢迷失老庄宗旨，并痛斥其将道教作为根基是迷信。南齐永明元年（483），僧绍被征为国子博士，辞而不就，迎法度入山寺，以师友之礼相待。法度是净土教信仰者，一进山就驱退开山以来扰烦民众的群妖，使之立即断踪绝迹，其名声一时大震。继法度之后，住持山寺的是辽东的僧朗，他实际上是江南三论宗的始祖。僧朗之后有僧诠，僧诠之后有法朗，法朗之后有吉藏。吉藏是三论宗教义的集大成者。僧朗和僧诠都住持过摄山的山寺，因此，该三论宗又被称为“新三论”或“山门义”，以与关内的旧三论宗相区别。这个山门义，在教义上与天台宗之间有密切的关系，在实修上与不立文字的禅宗之间有必然的联系，为此，山门义的发祥地摄山在佛教史上占有重要的地位，因而，开山之祖明僧绍的地位也非同一般，齐代高士之嘉称永垂青史。唐高宗在他去世后立明征君之碑，一是出于对其高洁行迹的渴仰，但更主要的是出于赞扬他对佛教的功绩之意，此乃不争之事实。

关于摄山寺的缘起，可作根本资料的是陈侍中尚书令江总持的《摄山栖霞寺碑铭》。该资料保存在康熙三十二年（1693）礼部左侍郎兼翰林院学士王泽宏撰《摄山志》中。据称，在此之前，梁元帝还是湘东王时就撰写过栖霞寺碑文，其文极尽典丽，但江总持的碑铭，叙事之详备，有过之而无不及。江总持弱冠归心释教，二十余岁入钟山就灵曜寺则法师受菩萨戒，暮齿官陈，与栖霞寺慧布游欸，更练戒行慈。慧布是僧诠门下四友之一，学德与法朗齐名。江总持与如此慧布交往亲密，其撰写的碑铭，无论是从人物上来讲，还是从年代上来看，都是最值得凭信的。铭文大意如下：

山之状态似繖，故名繖山。尹先生以山多药草，足以摄养之故，名之摄山。山西南隅，有外道馆地，俄而疫疠磨灭，遂成佛教之地。平原居士明僧绍，宋泰始中尝游此山，有终焉之志。因山中多虎狼危害，野老极力劝阻，而僧绍不为所动，披拂榛梗，结构茅茨，二十许年不事人世。诚至所感，得平安无事。与僧绍有冥契的法度禅师，由黄龙来此山，于山舍讲《无量寿经》。僧绍中夜感见光明中有台观，受此激发，于齐永明七年（489）舍本宅为寺，法度开讲。僧绍曾梦见岩间有佛光，之后依稀目见，遂生建佛窟之意，但俄而物故。其次子，临沂的令仲璋嗣其遗志，于西峰石壁开凿龛窟，与法度共同雕造无量寿佛及二菩萨像。佛像坐身三丈一尺五寸，通座四丈。二菩萨像高三丈三寸。齐文惠太子、豫章文献王、竟陵文宣王、始安王等各舍泉贝，共成福业。宋太宰江夏王霍姬、齐雍州刺史田奂广抽财施，琢磨巨石，造就亿万化身佛。其后，梁太宰临川靖慧王以天监十年（511）爰撤帑藏，复加莹饰。时有明德僧朗法师，去乡辽水，问道京华，阐方等之指归，弘中道之宗致。梁武帝累降征书，又遣十僧，咨受三论大义。南兰陵萧琛遁世此山，与僧朗交情笃深，临终遗言，葬于法师墓侧。

根据以上的碑文得知，栖霞山寺是明僧绍的故宅，自法度在此开讲后便成为寺院；千佛岩始于僧绍的次子仲璋与法度的共同发愿，由众多王公助成；至梁代，山寺复加莹饰；僧朗自辽水来，于山寺倡导三论大义。碑文撰写者江总持实为僧朗法孙慧布的道友。据说，此碑在唐会昌破佛之际遭到毁灭，其后重建，但又遭绝灭。至宋康定元年（1040），由寺主契先复立。

寺名随时代变迁而屡屡变更。唐高祖时改为功德寺，增置梵宇四十九所。高宗时改为隐君栖霞寺。至武宗时一度被废，但宣宗时重建，曰“妙因寺”。宋太平兴国五年（980）改为普云寺，景德五年改称栖霞禅寺。元祐八年（1093）取名严因崇报禅院，又称景德栖霞寺，再更改为虎穴寺。明洪武二十五年（1392）敕名栖霞寺，沿用至今。通观历代的名称，前后用得最多的是栖霞之称。栖霞寺在佛教史上之所以重要，是因为它在齐梁陈更迭时期，曾为僧朗、僧诠、法朗和慧布之居所。栖霞寺自古以来为天下四绝之一，佛教徒中有传言说，四绝的说法出自隋天台大师之口。耿光祚在《摄山旧志》的序中说：“天台智者大师云：震旦国中，自五岳名山而外，以江东栖霞、荆州玉泉、济南灵岩、天台国清，是为天下山水四绝。”《佛祖统纪》中的《智者传》也称大师尝有此言。大师屡屡受邀入栖霞，尤其是保恭等人，以“道安之遇澄上人，便称北面；惠永之逢远上首，既创东林”为例，请大师入山讲经。由此观之，栖霞寺和天台大师之间的联系毋庸置疑，“四绝”之称应该是宋朝以后在天台法系的学徒之间流传开来的。（常盘大定 文）

明征君碑

明征君碑，广四尺一寸三分三厘，厚一尺一寸八分，高十三尺许。唐上元三年（676）建造。高宗御制，高正臣书，王知敬篆额。螭首雄劲宏丽，左右两龙间有曲线环绕的篆额，阴刻篆书“明征君碑”四字。额上部、周缘以及刻有四字的十字带上都浮雕纤丽的花纹。其意匠因过于追求精巧，反而显得纤弱。碑侧阳刻六朝传统的云气螭龙纹，精致巧丽。当初的龟趺不知去向，现为后世重建，其手法拙劣，不值一看。总之，此碑代表了唐初最精美的手法，为中国南方罕见之物。由此可知，高宗在命令造碑的同时，还对制作手法给予了深切关注。此碑位于栖霞寺门外的碑亭中。（图84、图85-1、图85-2）（关野贞 文）

明征君僧绍在南齐时代被称为齐郡高士，其著作《正二教》保存至今。该著作出版于道士顾欢著《夷夏论》痛论中夏国民不要外夷佛教而在学界引起争议之际。僧绍比较老佛二教，站在公平的立场上指出顾欢有失《老》《庄》宗旨，且断言说道教是以迷信为根本的，这种见识给当时的教界指明了方向。永明元年（483）被征为国子博士，但他辞而不就，隐遁摄山，建构山寺，这就是栖霞寺的起源。唐高宗追慕其高风，在此立明征君碑。碑文历数僧绍的事迹，言及山寺的成立，千佛岩的开凿，并以三论学者僧辩为该寺的创始者。碑文概要如下：

南齐征君明僧绍，平原人。父略，宋平原太守中书侍郎。征君早植净因，宿苞种智，少无尘杂之情，讬志林岩。加以学穷儒肆，精通《老》《易》，遂缅怀飞遁，潜迹崂山。请益者四集，多达千余人。于时南风不竞，东土多毒、盗，而不犯征君之界。及宋朝告终，齐高祖即位，屡下征书，不能夺其志。其后移居郁洲掩榆山栖云精舍，情亲鱼鸟，志狎烟霞。建元元年（479）又下诏征为散骑侍郎，又不就。既而济岱沦胥，公私荡覆，遂届南京。行次摄山，神谷仙岩，特符心赏。披榛薙草，定迹深栖，有终焉之志。爰集法流，于焉讲肄。道俗同归，俱号净名，以旌至德。齐道方穆，寤寐求贤。永明元年（483）又征为国子博士，又不就。

俄有法师僧辩，承风景慕，欣然一遇，为莫逆之交。因即邻岩构宇，别起梵居。栖霞之寺，由此创名。安居顷之，辩师迁化。

征君积缘登妙，尝梦法身，冠于曾巘，又睹真颜于岩之首。于是拜受嘉征，愿言经始，将于岩壁造大尊仪，而永明二年（484）奄然去世。第二子临沂公仲璋，嗣其志，宪优填之区，仰镂能仁之像。文惠太子及竟陵王，咸舍净财，光隆慧业。

时有沙门法度，即此旧基，更兴新制，又造尊像十有余龛。及梁运载兴，临川王以天监十五年（516）造无量寿像一区，带地连光，合高五丈。云云。（常盘大定 文）

陈江总持碑和唐高宗碑两相对照，有几点不同。

（一）陈碑以法度为栖霞寺的创始者，明记其年代为永明七年（489），而唐碑则以僧辩为创始者，没有记录年代。

（二）陈碑称临沂令仲璋与法度共同于西峰石壁雕造无量寿佛及二菩萨像，而唐碑则说仲璋建的是释迦像，法度另造尊像十有余龛。

（三）陈碑载，至梁代，临川靖慧王以天监十年（511）复加莹饰，而唐碑载，临川王以天监十五年（516）打造无量寿像一躯。

（四）陈碑记载了其后，特别是辽东的僧朗法师来山寺宣扬三论大义，梁武帝特遣十僧随其学法一事，而唐碑对此没有提及。

两碑有如此差异，不知该信哪一方。第一，栖霞寺的创始者是法度还是僧辩？第二，与明僧绍有何关系？第三，与僧朗有何关联？第四，无量寿佛像的打造者是谁？这些都是遗留问题。

就此，有必要了解在两碑中都占有重要位置的法度的事迹。梁《高僧传》第八卷登载了齐琅琊摄山释法度传。据载：法度，黄龙人，少出家，游学北土，宋末游京师。高士齐郡明僧绍，抗迹人外，隐居琅琊摄山，挹度清徽，待以师友之敬。及亡，舍所居山为栖霞精舍，请度居之。时有沙门法绍，业行清苦，誉齐于度，而学解优之，故时人号曰“北山二圣”。

绍本巴西人，汝南周颙去成都，招共同下，止于山茨精舍。度与绍并为齐竟陵王子良、始安王遥光恭以师礼，资给四事。度常愿生安养，故偏讲无量寿经。齐永元二年（500）卒于山中，春秋六十有四。度有弟子僧朗，继踵先师，复纲山寺。朗本辽东人，华严三论最所命家。今上深见器重，敕诸义士受业于山。云云。

梁《高僧传》的记事相当清楚，简明扼要。年代和事迹皆不容丝毫置疑。由此得知，法度是受明僧绍之请住山的；明僧绍去世后，其居所改为栖霞精舍，法度第一个住进去；法度是西方往生的信徒，常讲《无量寿经》；三论学匠僧朗是法度的弟子。将上述年代和事迹与陈碑对照，基本吻合。由此可以推测，唐碑以僧辩为该寺的开山鼻祖，以及无量寿佛像建于法度之后等记载是谬误。

唐碑中所谓的僧辩，应该是僧诠门下四友之一的长干寺的慧辩，这也就是说，他就是陈碑撰文者江总持的师友慧布的道友，不过，这在年代上有很大的出入。关于这一点，在下一节叙述。（常盘大定 文）

三论宗

所谓三论，即龙树的《中论》《十二门论》和提婆的《百论》之总称，以大乘佛教之根本“空义”为其中枢。经罗什一翻译，立刻成为长安佛教界的研究题目。但在罗什去世后，长安又陷入动乱，三论一时销声匿迹。其后，同为罗什翻译的《成实论》独行江南，经过宋齐两代至梁朝，在所谓的三大法师时期，《成实论》的研究达到鼎盛。僧朗从遥远的辽东来南京正是此时，拜僧朗之所赐，三论研究在摄山再度勃兴。梁武帝屡降征书，又于天监十一年（512）敕遣中寺的僧怀、灵根寺的僧慧等十僧参摄山，谘受三论大义。嗣僧朗之后的是僧诠。而僧朗称为山寺，僧诠称为止观寺的应该是同一寺院。可能山寺是摄山精舍之谓，止观寺是修禅道场之意。僧诠勇于实行，怯于言论，期三论空义具现一身，禁门下走于言论。其门下有所谓的“诠公四友”：兴皇寺的四句法朗、长干寺的领悟慧辩、禅众寺的文章慧勇、栖霞寺的得意慧布。僧诠入寂后，慧辩先出南京，于长干寺讲论，接着法朗出钟山兴皇寺，开张论阵，两者之间，理义时有相违。此时助僧朗者只有慧布。慧布猛于求道研学，至遥远的北方邺都，就慧可听未闻的教学，写来许多章疏，悉数送之与法朗。其后得知不足，更至北都传之。法郎之门，有嘉祥大师吉藏和明法师，共为斯学双璧。明法师隐居南京南茅山，不出世。吉藏为伙多著述，大成三论学。因之，学者称罗什一门的三论宗为“关内义”，称僧朗一门的为“山门义”，以予区别。或以“旧三论”“新三论”区别之亦可。

江总持的师友慧布是诠公四友之一人，高宗碑提到的明僧绍的师友僧辩，可能是四友之一的慧辩。碑中称僧辩是栖霞寺的创始者。果真如此的话，在时代上就有了出入。《续高僧传》卷七《慧布传》载：陈至德中（583—586），邀引恭禅师，建立摄山栖霞寺。祯明元年（587），年七十，卒于栖霞。而慧布的弟子江总持在碑文中则说永明七年（489）创建栖霞寺。两者之间，关于该寺的创立年代相差约一百年。可能在永明七年（489），此处仅仅只是一个用作修道道场的精舍，还未形成伽蓝的体制，因此，被称为山寺，后来称作止观寺，而一百年后建立的则是堂堂的伽蓝栖霞寺。唐碑误将慧布当作创始者，而高宗碑又根据同为四友之一这一点，更将僧辩误作为创始者。因此，说僧辩是创始者，实际上是犯了双重错误。

三论的空义不得以言论阐明。僧诠为之告诫门下，禁止走于言论。及僧诠去世，一门很快忘记训诫，慧辩出长干寺，法朗出兴皇寺，互张论辩，理义之间，时有冲突。其间，恪守先师遗训，一生沉默，而执意求道研学者便是慧布。慧布乃真正的三论修道者，其生活方式正可谓不立文字。法朗有一出类拔萃的门人明法师，他崇尚不言实行之精神，隐遁南京南面的茅山。牛头禅创始人法融师从的三论学者炅法师是明法师的法系。由此看来，从三论宗派生出牛头禅是顺理成章的事情。（常盘大定 文）

图 84・摄山・栖霞寺・明征君碑

图 85-2・摄山・栖霞寺・明征君碑・拓本

图 85-1・摄山・栖霞寺・明征君碑・碑侧・拓本

舍利塔

栖霞寺有一座八面五级石塔。隋文帝仁寿元年（601）下诏天下，命当年在三十州，第二年在五十三州各建舍利塔一座，蒋州栖霞寺被列为其中之一。《广弘明集》第十七中有隋著作郎王邵的《舍利感应记》，其中记载了蒋州栖霞寺的起塔缘由。《摄山志》卷二“始创”条下载：

隋文帝时，诏送舍利天下，凡八十三州，分造石塔。蒋州栖霞寺其一也。塔以白石为之。高数丈，凡五级。锥（雕？）琢天然，种种奇绝。前设道引二佛，各高丈许。亦以白石为之。像貌衣缕，谓有顾恺之笔法。

这是一段明了透彻的文字，据此可以推断，塔为隋代所建，但同书卷三“人物”一章中有如下文字：

南唐高樾、林仁肇，并为江南国主大臣，勋贵无二。尊礼三宝，钦隆佛法。隋文帝所造舍利塔，岁久剥蚀，金碧毁落。二公同志兴修，复加严饰。

南唐兴修并严饰的是现在这座塔，但文中没有说明隋代建造的是木塔还是石塔。据《摄山志》说塔为石造，但南唐兴修并严饰的这座塔不存隋风，由此看来，这座塔应该是南唐时代重新打造的。《金陵梵刹考》引《景定建康志》说，会昌灭佛后，宣宗大中五年（851）重建伽蓝。还说，南唐高越等建塔。该文献明确指出舍利塔是重新打造的。《金陵梵刹志》中的“舍利塔”条下有注释说：

高七级，在无量寿佛之右。隋文帝造。高数丈。五级，锥（雕？）琢极工。南唐高越、林仁肇复建塔。

这段文字，意思不明了，参考前述记载，得以下理解：无量寿佛像龛的右方有一七级佛塔，高数丈，隋文帝建造，其五级有精湛的雕刻。此外还有一塔，为南唐高越、林仁肇所建。这段记载非常暧昧，将隋代创建和南唐再建混为一谈。根据《金陵梵刹考》以及《金陵梵刹志》中都有南唐高越建塔的说法，应该可以将现存佛塔视为南唐的作品。（常盘大定 文）

该舍利塔以精致的灰黑色大理石建造，八面五级，立于塔座之上。塔座腰部，一面的长度为五尺二分，塔高约五十尺左右。（图86）

塔座下层的基座，广约二尺，上刻波纹，隐约可见龙、鱼往来。其上有须弥座，高约一尺五寸，侧面阳刻宝相花纹及凤凰，其平面宽约二尺左右，雕刻蜀江锦纹样。须弥座上是地覆石，其上雕刻莲花，各花瓣上作花纹。塔座的腰部，上下有三层线脚，其表面也饰以凤凰、瑞兽和宝相花纹。塔座的角柱上，前后分别雕刻两个力士，左右分别镌刻两条螭龙。塔座腰部的裙板内薄肉雕释迦八相图，还在塔座阶条石侧面的宝相花纹里雕刻瑞兽，手法遒劲雄健。（图87、图88-1、图88-2）

塔座上有莲花座，以承托塔身。各花瓣中阴刻细腻娟秀的天人和宝相花纹。塔身的第一层，正面和背面雕有门户，东面的雕刻遭到破坏，图案模糊不清（可能是文殊），而西面的是骑象普贤菩萨图。东南和西南高肉雕二天王像，东北和西北高肉雕仁王像。两扇门户上雕刻兽环和乳头钉，檐下的蛇腹上浮雕飞天。各层塔檐均为二重椽，檐椽为圆形，飞檐椽为方形，各檐仿木构瓦面。（图89、图90）（关野贞 文）

第二层以上的塔身相对低矮，各层高度逐次减低。各层的八面都作圆龛两个，其内各雕刻坐佛一尊。其下有莲座，上有蛇腹，表面雕刻瓔珞罗网状。塔身上方的相轮已消失不见。塔身呈覆钵状，立于莲座之上。

此塔，整体造型完美，而且，从塔座到塔身，通体施以雕饰，精丽巧致，令人惊叹。尤其是塔座腰部雕刻的释迦八相图，引人入胜。但是，从其样式和手法来看，细丽有余而气势不足。到底不是隋代的作品，也很难认可是唐代的文物。南唐改建之说可能比较靠谱。（关野贞 文）

图 86 · 摄山 · 栖霞寺 · 舍利塔

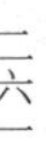

图 87・摄山・栖霞寺・舍利塔・第一层及基坛

图 88-1・摄山・栖霞寺・舍利塔・基坛・隅柱・天部

图 88-2 · 摄山 · 栖霞寺 · 舍利塔 · 基坛 · 隅柱 · 蟠龙

图 89 · 摄山 · 栖霞寺 · 舍利塔 · 第一层 · 四天王之一

图 90 · 摄山 · 栖霞寺 · 舍利塔 · 第一层 · 四天王之一

舍利塔塔座雕刻　八相图

塔基各面的裙板有薄肉雕释迦八相图，雕刻手法颇为精细。图中特别值得注意的是，宫殿楼阁以及人物服饰全部采用中国的制度，丝毫没有模仿印度的样式。宫殿上，或作垂帘或饰卷帘，栏杆上雕刻单面楔形斗子蜀柱和回纹棂条，这些皆来自于古代的式样。以下，对八相图进行简要说明。

第一　西北面　托胎

以依榻而卧的摩耶夫人为中心，左右各立两侍女，手持长柄尾扇。前面有一坐着的侍女，双手捧物，伸向夫人。这幅图描绘的可能是夫人从祥瑞之梦中惊醒过来的那一瞬间的光景。宫殿为瓦葺，门帘上卷，正面有台阶，设置栏杆，栏杆上安回纹棂条。

庭前有一树，枝叶繁茂，树上方，有白象在云中，象背上有天子，背负圆光。这便是从兜率天骑六牙白象来摩耶夫人身上投胎的菩萨。以此画面表示夫人所做的祥瑞之梦。

宫殿完全是中国风格的建筑，展现了当时的风格，惹人注目。人物和白象损坏严重，非常可惜。（图91-1）（常盘大定 文）

图91-1・摄山・栖霞寺・舍利塔・基坛・释迦八相・托胎

第二　北面　诞生

面对图的方向，右侧有一树，这便是无忧树，正花开烂漫。树下的摩耶夫人举着右手。夫人前面有一人，双膝跪地，两手捧着天绘，以此承接从夫人右胁脱胎的菩萨。其前面还有两女站立，双手合十，身后有两女搀扶，其中一人紧握夫人左手。其他五女中，有一人手持孔雀羽尾扇，两人手执拂子，一人手捧壶状物体。

图的左侧，生为太子的菩萨坐在重檐八角宝坛上的莲座上。其左右两侧有三个侍女，一个合掌，一个执扇，一个捧钵。

宝坛的前面有一个四层圆坛，层层往上，其大小递减。上层有敷茄，敷茄上设莲座。其上的雕像破损严重，难以辨别真容，看似童子立像，这可能就是那个右手指天左手指地、高唱“天上天下，唯我独尊”的菩萨。上空的云中有龙王，他降下温凉二水，沐浴菩萨身体，这可能是根据《普曜经》中的九龙创作的形象。

以上为前景，其背景有瓦葺的宫殿及垂帘。有栏杆，栏杆安有栿条。(图 91-2)（常盘大定 文）

图 91-2・摄山・栖霞寺・舍利塔・基坛・释迦八相・诞生

第三　东北面　出游

悉达太子骑在马上，有两侍从在前面开道，身后有侍从为其撑伞，还有五个随从，手拿扇子、剑以及羽毛帚似的东西紧随其后正往城门外走。该图描写的是四门出游的情景。

图的左下角有一拄杖老人，有两童子搀扶左右，这代表太子出东门时看到的老人。图的上部有一简陋房屋，一分为二。右方有一病人，由两人搀扶着，其前面站着一人，双手捧着药，这代表太子出南门时遇到的病人。左方有一死人，有两人守候一旁涕泣，另有一人在床下号啕大哭，还有两人飞奔而至，这代表太子出西门时看到的死者。太子的马前，有一人合掌，一人托钵，二人皆身穿袈裟，这代表太子出北门时遇到的沙门。（图 92-1）（常盘大定 文）

图 92-1・摄山・栖霞寺・舍利塔・基坛・释迦八相・出游

第四　东面　踰城

图的右侧，云中太子骑着马，侍从及车匿紧随左右。这代表太子踰城出家，一夜走到数百里之外。

左侧，太子正在脱去宝衣，其前面跪着接宝衣的天女，天女身后站着一个手拿衣服的人。画面代表猎师从身上脱下袈裟来换太子的宝衣。

猎师的上方，太子结跏趺坐于莲座上，其左侧有树木，左右两侧有鹿。这代表太子身着袈裟，进山学道。(图 92-2)（常盘大定 文）

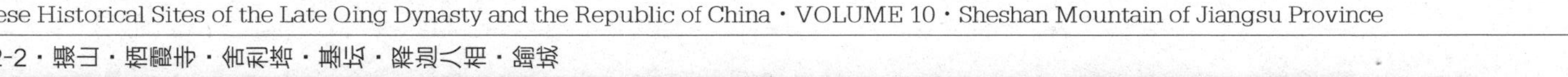

图 92-2 · 摄山 · 栖霞寺 · 舍利塔 · 基坛 · 释迦八相 · 踰城

第五　西南面　降魔

图的中央，太子结跏趺坐于金刚宝座上，两手结入定印。至此，菩萨的身上才加饰头光和身光。

围绕菩萨前后左右的都是恶魔。或执剑、矛、刀、椎，或转火车，或持棍棒，或肩扛奇形怪状之物。

上方有雷神、风伯、巨龙，左侧有巨龙、狮子，个个怒气冲天，极力妨碍菩萨修行。有的欲掷岩石砸菩萨，结果，岩石皆化为莲台。

这幅图与“成道”图相互关联，不可分开而言。（图93）（常盘大定文）

图 93・摄山・栖霞寺・舍利塔・基坛・释迦八相・降魔

第六　东南面　成道

图的右侧有一条河，河中有一人，手抓下垂的树枝，这是离开苦行林的太子，想进一步修道而依照离欲中道之法在尼连禅河沐浴的场面。太子已筋疲力尽，正抓住树枝自救。上方有一天人，是为搭救太子而降临的天神。岸边有岩石，其上放着太子脱下的衣服。

图的中央，菩提树下有一菩萨端坐入定于金刚宝座之上，背负头光身光。宝座前有供品，还站着一个双手捧物的女子，其身后有两头牛，此画面代表牧牛女难陀波罗在供奉乳糜。

两牛的上方有两女跪地烧火，表情敬虔，三足镬

中火焰熊熊。这可能是煮乳糜的地方，有七段蒸汽从镬中升腾，这可能代表乳糜正好煮熟。

这幅图表现从太子沐浴到端坐于菩提树下的金刚座上，接受牧牛女敬献的乳糜，恢复体力的经过，与“降魔”图并成一幅“降魔成道”图。（图 94-1）（常盘大定 文）

图 94-1 · 摄山 · 栖霞寺 · 舍利塔 · 基坛 · 释迦八相 · 成道

第七　南面　说法

图的左侧，坐在金刚座上结说法印的是成道后的释迦牟尼如来。旁边的菩提树上鲜花烂漫。山静波平，祥云缭绕。从山上下来的四人乃四大天王，他们手上各持一钵，其中一位天王率先将其奉献给释尊。天王中间有一狮子，宝座前有一香炉。

这幅图表现的是释尊成道后，四天王便从天而降，各献一石钵的情景。释尊悉数收下，将其化为一钵，并手持该钵踏上行乞说法的旅途。(图 94-2)（常盘大定 文）

图 94-2・摄山・栖霞寺・舍利塔・基坛・释迦八相・说法

第八　西面　入灭

释尊向右侧卧于娑罗双树下的床上，即将进入大涅槃。十大弟子伤心痛哭，二天王护卫左右，床脚下的代表狮子座的狮子也呈悲鸣状。床前有一香炉。

图的左侧有荼毗金棺，五个比丘合掌悲泣。上方聚集的乌云代表大雨霈然而至，浇灭荼毗的火焰。（图 95）（常盘大定 文）

图 95・摄山・栖霞寺・舍利塔・基坛・释迦八相・入灭

千佛岩

栖霞寺的后方有一座由砂岩层构成的险峻岩山，名为千佛岩（图96-1）。其断崖上开凿了为数不少的石龛。千佛岩中央有一面南的大佛龛，内有大石佛。龛前筑有石重阁。据铭文，此重阁似乎建于明万历年间（1573—1619）。（关野贞 文）

据说，该石佛即是南齐明僧绍的次子仲璋与法度禅师共建的无量寿佛。当时，耳闻法度禅师的福业，文惠太子、豫章文献王、竟陵文宣王、始安王等各舍泉贝，共成福业。宋霍姬及齐田奂等亦广抽财施，依岩石的高低深广，琢磨巨石，共成千尊。至梁代，临川靖慧王以天监十年（511）八月爰撤帑藏，复加莹饰，令其金碧焕然。（常盘大定 文）

以大佛龛为中心，东方有四龛相并，其上有大小佛龛三四。大佛龛的西方也开有高低参差的石窟约二十个，石窟大小不一，大者广二间，深达十尺；小者，广不出三四尺。窟内皆刻有佛像。小石窟只刻有一佛，而大石窟，或作三尊佛，或再饰两罗汉、仁王、天部等。有的除数尊佛菩萨之外，还在龛壁上开有许多小佛龛。还有的石窟以释迦立像为中心，刻有十六罗汉、仁王等。石窟皆作穹隆状窟顶，浅雕佛菩萨身光。可能在当初，身光内有莲花火焰彩绘，穹顶上有飞天等图案，但如今全部剥落，不存丝毫痕迹。

石窟内部，佛菩萨皆在台座之上，这些台座占据石窟三方，本尊前面往往刻有香炉和狮子，唯一令人遗憾的是，由于石质疏松，佛像磨泐严重，后世的庸工以水泥修补，隐设了当初的表现手法。因而，往往只能从剥落处了解佛像当初的样式。从这些雕刻可知，佛像的姿势、表情及其衣纹的性质大体上与北魏的同型，但云冈、龙门等北魏石窟，规模之巨大、雕镂之富丽，千佛岩与之相比，则不免大为逊色。虽然千佛岩的岩石与云冈一样同为砂岩层，但相比之下规模极小，不适合建造大型石窟，而且，其岩质疏松，不适合精雕细琢。（关野贞 文）

彼北魏石窟是历代皇帝因祖辈的福业而发愿修建的，而此千佛岩虽然也有众多贵族绅士的资助，但其经营者不过是一官人一禅僧，因此，彼此之间大相径庭实属不得已的事情。虽然北朝的造像遗迹丰富，但南朝的石窟却寥寥无几，知之者更少。因此，有如此数量的石窟保存于此真是艺术史上之大幸。虽然不能充分了解当时的样式，但多少也可见一斑。（常盘大定 文）

大佛龛

如前所述，明僧绍于永明七年（489）与法度共舍其本宅为寺，有意创建佛窟未果，次子临沂令仲璋继承其遗志，与法度共同开凿的便是这个大佛龛。想来，永明七年相当于北魏太和十三年，当时，除北魏文成帝和献文帝打造的云冈六大窟以外，孝文帝开凿的第五窟大佛龛也大功告成。因此看来，明僧绍打算在其隐居的摄山修建大佛龛的动机可能与之

有关。(常盘大定 文)

该大佛龛，广约二十七尺，深约二十二尺，入口广约十尺。本尊无量寿佛高约二十四尺，趺坐于高约六尺的台座上。江总持的《摄山栖霞寺碑铭》载："坐身三丈一尺五寸，通座四丈"，这是以当时的尺度来计量的。其正面的左右有两胁侍菩萨立像。

该佛龛由于刻在不甚坚致的砂岩上，磨泐损坏相当严重。近世(大概是万历及清初)修缮时，以水泥涂抹整个佛像，使其外观美感严重受损，而且涂抹的水泥也基本上剥落，唯有左边脸、两肩及胸部的上方还有残留，从脱落的部分可以看出当初的样式。佛像姿势雄伟，其面相虽不十分明显，但与北魏的样式近似，尤其是垂在座台前面的衣摆褶皱，明显地与北魏具有同样的性质(图 97-2)。还有右胁菩萨，几乎彻底被毁，左胁菩萨也剥泐严重，后世涂抹的水泥脱落，头部、右肩及胸前的一部分露出了当初的模样。其姿势、衣纹，特别是莲座上的莲花瓣，表现手法与北魏通常所见者如出一辙。由此可知，当时的样式与南北朝式大体上相同。(关野贞 文)

图 96-1・摄山・栖霞寺・千佛岩・一部分

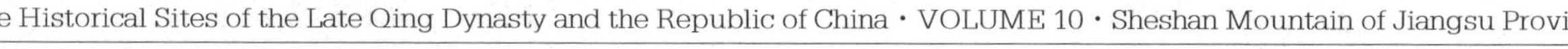

图96-2・摄山・栖霞寺・大佛窟・侧面

图 97-1·摄山·栖霞寺·大佛窟·正面

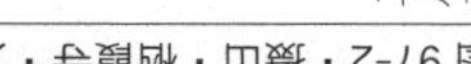

图 97-2・摄山・栖霞寺・大佛窟・大佛垂衣

天开岩

天开岩位于栖霞寺后方三里处，石多突兀，相传是明袁了凡自云谷禅师受《功过格》的故址。（图98）关于天开岩，《摄山志》卷一“图说”条下有曰：

天开岩

在中峰之右。石壁奇峭如截，中通一线。仄境森沈，若天开然。下有石刻，六朝人所书，醒石二字，后为迎宾石。禹碑在其阴，明少宰杨时乔摹会稽石，刻于此。徐铉、徐锴、张稚圭等题名。

《摄山志》卷二“古迹”条下又曰：

天开岩

袁了凡居士，参云谷禅师处。今为玉浪禅师塔院。

如图版上所见，岩石纵断为三列，通过裂缝，可以到达上方。云谷禅师修道之所，就是搭建在该岩石上的精舍。（常盘大定 文）

据了凡居士记载：

云谷，讳法会，吴江人，与了凡同乡。年五六岁入郡中天宁寺，见老禅衲，生早日出尘之想法，遂出家。九岁入大云寺，为大露之弟子，习瑜伽教。又潜投天宁寺，依古印禅师，不久被追回本寺，二年复出，于武林山中遇董萝石。之后从古林吉庵，在天界毗庐阁闭关静坐，工夫绵密。东圆徐公闻其名，师事之。师本不谙文字，但诸生来谒，师断其文之得失，毫无过所。三年后，报恩觉义诸老奉迎三藏殿。朝一盂，暮一榻，以为自足。偶为方外道者一喝所见，有所大省，二十年所得妙境彻底消释。又三年，北方游燕，与偏容、白云诸禅伯相切磋，一时名动京师。师返南都，都阃鹿园万公、祠部三洲章公、五台陆公送住栖霞。栖霞乃六朝古刹，但当时荒颓颇甚。远近闻师名，竞相捐资助之，不逾年，成大刹。时游匡庐，返栖霞，祠部诸公屈师主教官之。师辞而遁。其徒能慧者，于天开岩结庵，延师居之。大洲赵公、念庵罗公、荆川唐公等相携远谒，或叹为真楞岩，或喜真佛出世。师游吴时，了凡访师，得禅门宗旨开示。师游金台后归栖霞，了凡适游南雍，次访师，住数日。为锐意求道者性空、慧空，得大师东归之约，明年修书，邀嘉善大云寺，同志协力兴禅道。万历六年（1578）端坐而逝，年八十。师，性根极利，工夫极密。洞见本来，不落修证。顶礼观音，精持功课，五十年如一日。慕师德者偏东南，得其门者或寡。（常盘大定 文）

袁黄，字学海，别号了凡居士。江南吴江人。了凡幼年丧父，老母命弃学从医，谓习一艺以成名。后在慈云寺遇一老者，对其曰：“子仕路中人也。明年即进学。何不读书？”了凡告之以故。老者曰：“吾姓孔，云南人也。得邵子皇极数正传。数该传汝。”了凡引之回家。试其数，全部应验，了凡遂启读书之念。孔为其起数，县府道，名数皆合。复为卜终身休咎，曰：“某年当贡，贡后某年，当选四川一大尹，在任年余。得年五十三，终身无子。”验之悉符。了凡因此益信进退有命，以至澹然无求。当贡士进京，后游南雍，未入监，先访云谷禅师于栖霞山中。对坐一室，约三昼夜不瞑目。云谷问曰：“凡人所以不得作圣者，只为妄念相缠耳。汝坐三日，不见起一妄念，何也？”了凡曰：“吾为孔先生算定。荣辱生死，皆有定数，即要妄想，亦无可妄想。”云谷笑曰：“我待汝是豪杰，原来只是凡夫。”了凡问其故，云谷曰：“人生安得无数？但唯凡人有数。极善极恶之人，数固拘他不定。汝二十年来，被他算定，不曾转动一毫，岂非是凡夫？”了凡问：“然则数可逃乎？”答：“命由我作，祸由己来。诗书所称，的为明训。我教典中说：‘求功名得功名，求富贵得富贵。’夫妄语乃释迦大戒，诸佛菩萨，岂诳语欺人？”了凡又问：“孟子言：‘求则得之，是求在我者也。’道德仁义，可以力求；功名富贵，如何求得？”云谷曰：“孟子之言不错，汝自错解耳。六祖说：‘一切福田，不离方寸。’求在我，不独得道德仁义，亦得功名富贵。求之有道，内外双得。若不反躬内省，而徒向外驰求，则内外双失。汝自揣，应得科第否？应生子否？”了凡追省良久，曰：“不应也。科第中人，有福相，而余福薄。余好洁，善怒，不能舍己，多言，喜饮，好彻夜，皆宜无子。其余过恶尚多。”云谷曰：“汝今既知非，若尽情积德，昨日死，今日生，此义理再生之身也。义理之身，岂不能格天。太甲曰：‘天作孽，犹可违；自作孽，不可活。’汝不登科第，不生子者，此天作之孽；汝今力行善事，多积阴德，此自己所作之福也。《易》曰：‘积善之家，必有余庆；积不善之家，必有余殃。’汝信得及否？”了凡信其言，拜而受教。因将往日之罪，在佛前尽情发露，为疏一通，誓行善事三千条，以报天地祖宗之德。云谷出示《功过格》，令所行之事，逐日登记。善则记数，恶则退除，且教持准提咒。了凡初号学海，是日改号了凡。盖悟立命之说，而不欲落凡夫窠臼也。从此以后，一反前日悠悠放任，终日兢兢，在暗室屋漏中，常恐得罪天地鬼神。其后，孔公所算逐渐不验。历十余年，而三千善行始完。再行善事三千，并许行善事一万条，悉改孔公之算。按孔先生所算，了凡五十三岁有厄，而那一年他竟安然无恙；又说他无子，可他生有八子，且活到七十九岁。天开岩下乃了凡问道之所。

改变袁了凡既定命运的《功过格》其后支配着中国的道德思想，这实在是超乎想象。所谓《功过格》，就是每晚检查当天的功与过，将通过行善获得的百功、五十功、三十功、十功、五功、三功、一功等作为功格，把作恶所得的百过、五十过、三十过、十过、五过、三过、一过等作为过格，详细记载，月末统计孰多孰寡，并明记下来。至年末再统计，自知功过多寡。此方法，作为道德实践适用于任何人，至今还以超乎想象的力量在中华民族中流行。（常盘大定 文）

图 98・摄山・栖霞寺・天开岩

江苏扬州

天宁寺

天宁寺位于扬州城拱辰门外，乃扬州第一巨刹，金刚殿、天王殿、大雄宝殿、千佛阁、藏金阁巍然并列其中。(图 99、图 100-1) 大雄宝殿的前庭有巨大石造五具足（五种供佛的器具，即花瓶一双、烛台一对、香炉一个），(图 100-2) 其后有拜廊。关于该巨刹有二说，一说是东晋谢司空寺的故址。据传，该说法源于觉贤三藏在谢司空别墅翻译《大华岩经》时，右卫将军褚叔度专程前往建业，请司空改别墅为寺，号称“广陵福地”。然而，别墅故址中既不见传说中的两株巨大银杏树，也不见译经期间出现过怪异青龙的青龙池，而且，言及古谢寺或觉贤三藏的金石也不得而见。另一说法是，该寺乃唐证圣元年（695）创建的证圣寺，后改称正胜寺兴教院、天宁万寿寺、报恩光孝寺。两种说法孰是孰非难以定夺。(常盘大定 文)

图 99·天宁寺·大雄宝殿

图 100-2 · 天宁寺 · 石造五具足

图 100-1・天宁寺・大雄宝殿・前景

旌忠寺

旌忠寺位于扬州城内，相传是昭明太子的故址，上悬“文选楼”匾额，但真伪难以判定。

乾隆二年（1737）尹继善、黄之隽等修纂的《江南通志》卷四十六载：

旌忠寺在府治东南，文选楼遗址也。陈大建间为寂照院，宋咸淳年赐今名。（图 101-1）（常盘大定 文）

史公祠

史公祠位于扬州境内，是祭祀明末忠臣史可法的祠堂。

光绪《江南通志》卷四十称：

尚书史可法之墓在广储门外梅花岭。为招魂，葬其衣冠于此。（图 101-2）（常盘大定 文）

图 101-2·史忠正公墓

谢公祠

谢公祠在扬州城内，据说是祭祀晋代谢安的祠堂。这里有两株巨大的银杏树，似乎在述说久远的过去。东晋觉贤三藏的《华严经》就是在谢司空的别墅翻译的。其后不久，右卫将军褚叔度特意前往建业，请司空舍别墅为寺，号“广陵福地”。佛书中看到的所谓谢司空寺就是这个别墅，书中说，别墅故址有两株巨大的银杏树。（常盘大定 文）

图 101-1 · 旌忠寺 · 文选楼

五亭桥

扬州城至平山堂之间的运河上架有一桥，其上建五亭，这便是五亭桥，又名莲花桥。其结构可能与五方佛有关，乃扬州名胜之一。(图102-1)(常盘大定 文)

法海寺

法海寺临近五亭桥，康熙帝改名曰“莲性寺”。寺内有一喇嘛塔，乃清顺治年间（1644—1661）赵国人柳江为安葬兵乱后暴露在外的骨骸而建，取名“转轮藏”。虽为新近的建筑，但与五亭桥一并望之，其景致还是令游子倍感欢心。

砖塔屹立于高高的方坛之上，喇嘛式，结构简单。基坛向四面斗出，塔身立于三层圆座之上，肩宽下窄，正面作佛龛。塔身上方有大相轮，层层叠叠，往上依次缩小。顶部有宝珠，其下作木制宝盖。此种砖塔极为罕见，可惜损毁相当严重。(图102-2)(常盘大定 文)

图102-1·五亭桥

图 102-2 · 法海寺 · 砖塔

法净寺

法净寺即古大明寺，与平山堂相接。平山堂位于扬州城西北五里的蜀冈上。(图104-1、图104-2) 从冈上凭栏远眺，江南诸山拱揖槛前，状若与堂齐平，故得平山堂之称。宋庆历八年（1048）欧阳修守扬州时创建，是他与四方名士交游的故址。(图103)

榜题“平山堂”的堂宇背后有谷林堂，据说乃苏东坡所建，从其诗句得名。其后有一堂宇，安置着欧阳修的石刻像。(图104-3)

右侧有一荒废的庭院，乃康熙帝离宫之遗址。院内有一亭，覆盖第五泉，亭内有重修平山堂碑。“第五泉”之名因唐陆羽在此煮茶、品泉，以此为天下第五而得。有文献记载其缘由。现将与平山堂和法净寺有关的文献列举如下：

《平山堂志》引李良年《词林纪事》载：

欧阳公守维扬日，于城西北大明寺侧，建平山堂。

《甘泉县志》卷十“古迹”条下载：

平山堂，在城西北五里大明寺侧，宋庆历八年(1048)二月，庐陵欧阳修来牧此邦，为堂于大明寺庭之坤隅。(《舆地纪胜》)

大明寺前，有平山堂。(《嘉靖江都志》)

谷林堂，在城西大明寺。宋元佑中建。(《南畿志》)

《甘泉县志》卷九“寺观”条下说：

大明寺，即古之栖灵寺，在县北五里，又名西寺。寺枕蜀冈上，旧有浮图九级。见于《大观图经》。(《宝祐志》)

《平山堂志》所引的罗玘《重修大明寺碑记》中载：

距扬郡城，西下五七里许，有寺曰“大明”。盖宋孝武时所建也。孝武纪年以大明，而此寺适创于其时，故为名。……然历世既久，遂为瓦砾牛羊墟，过者兴慨。景泰间，有僧曰智沧溟者。……发之果得古井，内有残碑一方，上有“大明禅寺”数字，人自是始知为古刹。

图103·蜀冈·远景

图104-1·平山堂·内部

孔尚任的《修创栖灵寺记》载：

栖灵寺，在扬州之蜀冈。即宋孝武所称大明寺者。其兴废莫可考。寺之西偏，为平山堂。

平山堂现归法净寺管理。法净寺乃古之大明寺(或栖灵寺)，牌门上刻榜题“栖灵胜迹”。这便是唐鉴真和尚的故址，是与日本交往密切的一座古刹。(图105)

鉴真在大明寺东面的大云寺出家，其后在大明寺讲律，其间，鉴真接见日本的荣叡、普照二人，并被其哀求打动，东渡日本，因此，内外诸书都作大云寺鉴真，而《本朝高僧传》则作大明寺鉴真。大明寺遗址长久湮灭，虽无法确认，但有平山堂建于大明寺庭院之坤隅的说法，我由此获得启发，遂做出法净寺就是古大明寺的判断。据《重修大明寺碑记》载，大明寺历世既久，毁于一旦。明景泰年间，僧沧溟、福智二人，在平山堂东侧空地的古井中发现一残碑，上有“大明禅寺”字样，于是再建此寺。该寺又是古栖灵寺的遗址。据赵有成《重修栖灵寺碑记》中引证的《大观图经》可知，隋代建九层佛塔，烧毁后，至宋景德元年（1004），由僧可数建七层多宝塔。隋代有一梵僧称:大觉的灵魂栖于塔中。基于此，得“栖灵”之称。

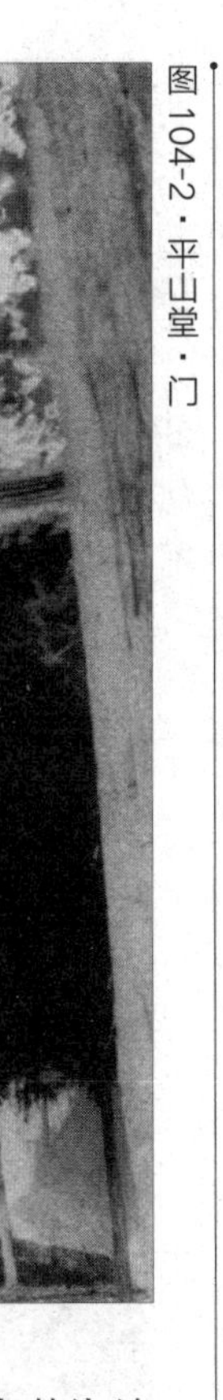

图 104-2 · 平山堂 · 门

那么，大明寺和栖灵寺到底是一寺还是二寺，关于这一点，需要慎重考察。《平山堂志》所引高世钥的《第五泉铭》中有“大明寺即今栖灵寺”的说法；《扬州府志》《甘泉县志》皆以大明及栖灵为法净寺之古名，将其看作一寺。然而，《平山堂志》说，唐天宝年间（742—755）有大明寺，元和年间（806—820）有刘长卿及李白的栖灵寺诗，由此看来，在唐代，二寺并存且相连。《平山堂志》说：“法净寺即古栖灵寺也，又称大明寺。”看来《平山堂志》对其不知如何取舍，一方面说法净寺即古栖灵寺，又称大明寺，另一方面又引《平山堂小志》说：宋孝武纪年以大明，此寺始创于其时，故曰“大明寺”。栖灵之名，见于唐刘长卿诸人诗。似在大明之后。志云：大明寺即古之栖灵寺。则栖灵又似在大明前。未知所据。又有程梦里的《平山堂小志序》载：访栖灵之旧塔，辨大明之芳泉，眺摘星之杰峙，寻蜀岗之蜿蜒。《平山堂志》还引李翱《来南录》“元和四年（809）至扬州，上栖灵浮图”之记事为证。如此，文献大多倾向于二者为一的看法，但时有不同意见。然而，去实地考察发现，蜀冈上到底没有可供两个名刹并立的空间。情况可能是这样：“栖灵”乃梵僧的说法，是给九重塔取的名字，又因大明寺内有此栖灵塔，故把大明寺通称为栖灵寺。据说，现在的云盖堂是这座栖灵塔的塔基。果然如此的话，大明寺和栖灵寺共为法净寺之古名的理由以及唐天宝、元和年间存在两个寺名的理由便不言自明了。关于此塔，尹会一在《重修平山堂记》中说，唐时毁于火灾，因此，栖灵寺之名仅见于元和年间（806—820），至宋代，又只见大明寺之称了。如此这般，大明寺和栖灵寺的缘由及名称真相大白。

与鉴真有关的寺庙中，最重要的是大云寺。大云寺乃鉴真出家之所，其后不久改称龙兴寺，不知其故址位于何处。《宋高僧传》第十四中的《扬州龙兴寺法慎律师传》说：天宝七年（748），律师在该寺别院入寂，起塔西蜀冈。由此可知，大云寺的位置在蜀冈东面。

著者常盘大定遍寻大云寺或龙兴寺之故址，终不可得，偶然把目光转向大明寺，在平山堂寻得其所在，同时还找到大云寺的故址。我随即于 1922 年 12 月 3 日，依靠当时在扬州盐务局就职的高洲大助，在法净寺前为日本佛教史上的恩人——鉴真和尚树碑立传，以资纪念。早已失却关于和尚记忆的扬州人士，都为当时扬州出了这么一位名僧而欢欣鼓舞，对此碑的建立表示衷心的敬意，并称，正在编纂的《扬州府志》中应该特别添加和尚的传记。碑文如下所记。（常盘大定 文）

图 104-3 · 平山堂 · 欧阳修石刻像

图 105・平山堂・法净寺・大雄宝殿

唐鉴真和尚遗址碑

古大明寺，是唐鉴真和尚之遗址也。和尚实为海东律祖，又为初传台教祖。江阳县人。年十四，随父入大云寺，见佛像而出家。神龙元年(705)，从道岸律师，受菩萨戒。景龙初，抵长安，依荆州恒景律师，禀具实际寺。就融济律师，学南山钞。依义威智全，听法砺疏。历侍两京讲肄该三藏研台教。壮岁旋淮，住扬州大明寺，为戒律宗匠。天宝元年(742)，日本荣叡、普照来寺听讲，拜请东渡。和尚言：我闻南岳思禅师，生彼为王，兴隆佛法。又闻长屋王，制千袈裟，施此土一千沙门。衣缘绣偈，山川异域，风月同天，寄诸佛子，共结来缘。思是佛法有缘之地也，吾当往矣。天宝二年(743)冬，募神足二十五人，首途泛海。前后五次，以运蹇不果其志。凡在逆旅十有二年。饥渴困危，难以具述。两眼失明，仍不变初念。会天宝十二年(753)冬十月，日本大使特进藤原清河等，特至扬州近光寺，恳请东渡。和尚乃与高弟三十五人，乘副使大伴胡万之船。同年十二月，达日本太宰府。翌年二月，入南京(指日本八世纪初的都城平城京。位于奈良市西郊)馆于东大寺。孝谦天皇［(718—770)日本历史上第46代天皇。圣武天皇之女］，遣正议大夫吉备传宣。委以授戒传律之任，叙传灯大法师位。四月建坛于庐遮那殿前。上皇始受菩萨大戒。皇帝、太后、皇后、太子、公卿以下，受戒法者，凡四百三十余人。一时高德八十余僧，弃旧新受。是为日本登坛授戒之始。天平宝字元年(757)，赐大和尚号。和尚以寺田税，创唐招提寺。筑戒坛。三年竣功。律寺所备，焕然有序。五年奏建戒坛于下野药师寺，及筑紫观音寺，为东西两戒学。七年仲夏六日圆寂。寿七十七，腊五十五。实唐代宗广德元年(763)也。和尚可谓权化之圣者矣。古记云，大明寺在县西北五里。又云，平山堂创于大明寺庭之坤隅。又云，大明寺前有平山堂。又云，谷林堂在大明寺。大明寺是刘宋孝武帝大明年间所建。寺东有栖灵塔。栖灵之号，是本于隋代梵僧言大觉遗灵之所存。沧桑之变，元明以后，寺塔俱圮。余于今年二月，过扬州，依高洲大助公，探和尚遗址。高洲公志笃，追远报本。共知今法净寺即古大明寺遗址，大明寺是和尚所住，喜不可言。乃建兹碑，以记缘由。(图106-1、图106-2)

原文写于行李匆匆之际，除有几多缺点外，还存在笔者的失误。前文是原文的修正稿。原文中应该订正的地方如下：

“荣睿”应为“荣叡”；“风月一天”出自《本朝

高僧传》，但其他各书为“风月同天”；“圣武天皇［（701—750）日本历史上第45代天皇。笃信佛教，在日本各地设置国分寺、国分尼寺，建立东大寺，打造大佛］”应为“孝谦天皇”；“传灯大法师”的“传”字，碑文中漏刻；“受戒法”在碑文上错写成“受法戒”；“新受”在碑上错刻成“受新”；“西北五里”碑文错写成“西北五里余”；“梵僧大觉遗灵之言”应改作“梵僧言大觉遗灵之所存”；“共知今法净寺”误作“攻知”，有碍理解。（常盘大定 文）

图106-1・平山堂・法净寺・唐鉴真和尚遗址・建碑仪式

唐鉴真和尚

《鉴真传》在《东征传》《宋高僧传》等文献中有载。鉴真是扬州江阳县人。幼时随父入大云寺，见佛像心动，遂出家，师从智满禅师，随光州的道岸律师受菩萨戒，更进长安，随荆州的恒景律师受具足戒。鉴真返扬州后被仰为戒律巨匠。开元年间（713—741），日本的荣叡、普照等僧人前来恳请他东渡日本任导师。鉴真被其热情打动，对曰："昔闻南岳慧思禅师寂后生彼，为国王，兴隆佛法。是乎？又闻彼国长屋曾造千袈裟来施中华名德。复于衣缘绣偈云：山川异域，风月同天。寄诸佛子，共结来缘。以此思之诚是佛法有缘之地也。"鉴真随即默许其恳求，招募比丘思托等十四人，携几多经律，于天宝二年（743）从广陵首航。其后经历的身心劳苦，不可枚举。五次漂流，至双目失明，可鉴真仍不改初衷，第六次终于如愿以偿，到达日本。时值孝谦天皇时代，鉴真被仰为菩萨戒师，还得唐招提寺居之。鉴真设立的三戒坛是日奈良朝佛教的成果，鉴真带来的《天台三大部》被法孙最澄当作创立天台宗的基础，因此，鉴真实际上与平安朝佛教的开创有因缘。（常盘大定 文）

图 106-2・平山堂・法净寺・唐鉴真和尚遗址碑

重修平山堂记碑

据碑文载（图107），建碑之大檀越是海宁盐运使姚煜（字文敷），负责工程的是颍上的陈君寿和仁乐山，撰文者是旌德的七十六岁老翁汪时鸿，书丹者是江都的王景琦（号蓉湘），当时的山僧是法净寺住持肇林皎如，建造时间为岁次旃蒙单于之寒余月。

碑文载：八百余年前欧阳公守扬州时筑斯堂，自此，平山堂之号称，名满天下。扬州乃繁盛发达之地区，天下无事，则士夫耽风雅、乐嘉宾；而一旦有事，则必被兵，化为芜秽荆榛，甚而至于化为邱墟灰烬。毁之者屡屡，复兴者亦屡屡。近来化为芜秽邱墟，无人提及平山堂之名，游人足迹也几乎断绝。山僧忧心忡忡，力图复兴，一日，他欢天喜地而来，双手合十对本老者说：“平山堂落成有日，敢请为文以记之。”问费用何来，声称是大檀越运使公及诸檀越的功德，曰：新岁某日，运使公蹑平山之颠，息于斯堂，俯仰良久，唏嘘慨叹。僧人趁机陈述复兴之志，运使公应承，共筹资金，获得捐赠银两，皆大欢喜。因此，本老者有感：昔日有浙人金公，任扬州太守时重建平山堂，今日有运使公，也是浙人，又重修平山堂，并使之落成。云云。（常盘大定 文）

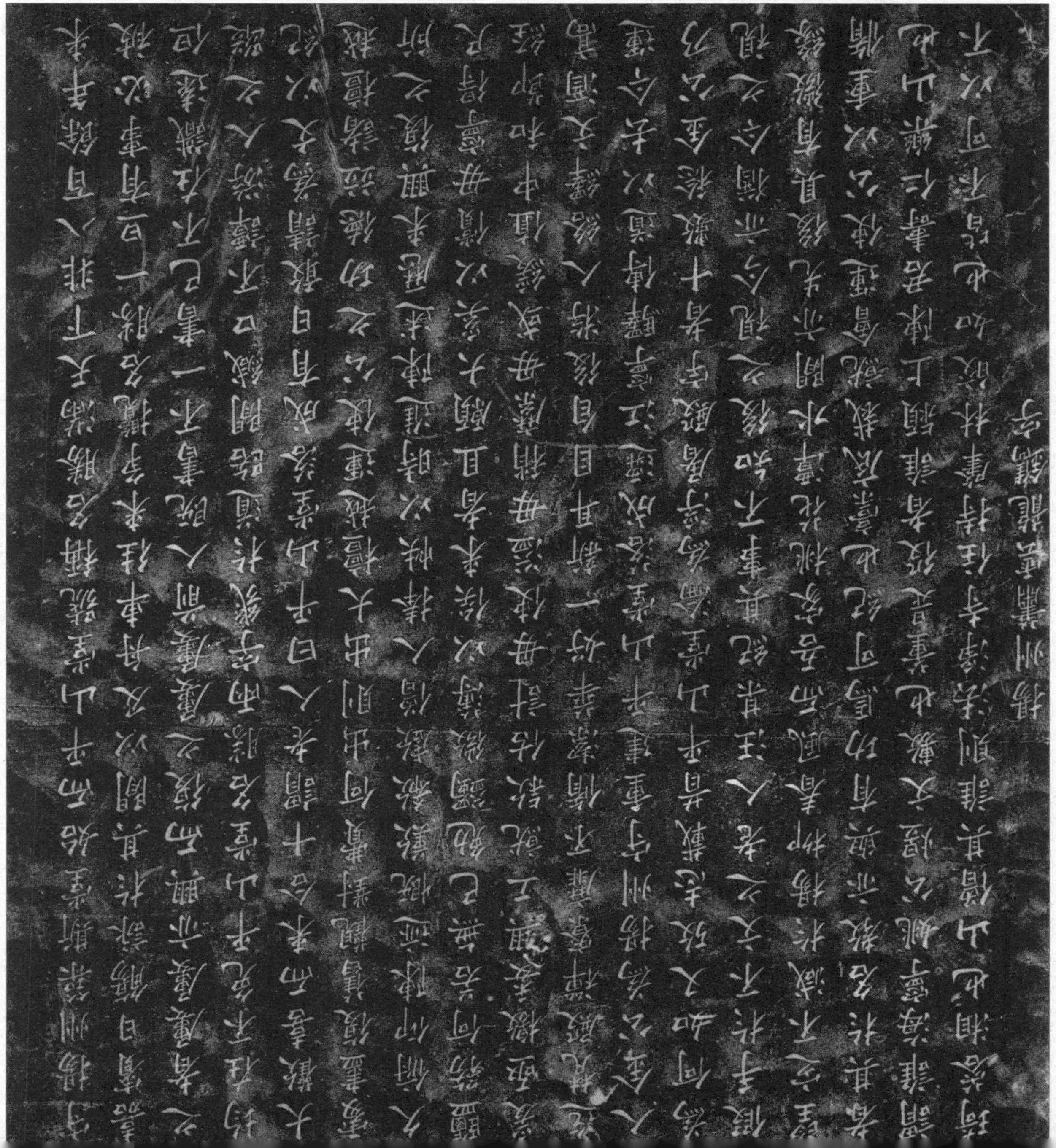

图 107・平山堂・重修平山堂记碑・拓本

译后记

乘兴投入此卷图书的翻译工作，通读之后，发现与第九卷有所不同，另具特色。此卷所涉史迹始于四川省广元，经湖北、江西、安徽，止于江苏省扬州，横跨我国中部。作者探访并记述的寺塔祠堂、文庙书院、亭台楼阁、名山圣地等共计六十余处，其中，虽有一笔带过之略记，但多为探根求源之详说。较之第九卷中多达14幅的史迹平面图、文物配置图及画像临摹帖等插图，此卷仅有绘图三幅。然而，其中的一幅“四川大峨眉山全图”出自国人之手，由伊东忠太博士收藏，弥足珍贵。再者，书中以专题形式对佛教界禅师高僧进行了介绍，还引经据典地对各处史迹文物进行了考证。因此，本书中有相当数量的直接引用文出现，此乃第二大特色。第三便是频用“云云”二字（共计二十七处），表示前述文字是摘自古书典籍的内容，而非作者本人之见解。举例如下：

1. 同书又就“大云千佛”云：“即千佛岩。县北十里，西滨汉水。崖侧有大云寺，基址剥落，刻像犹存。”云云。

2. 嘉庆二十一年清常明、杨芳灿等编辑的《四川通志》卷五十一就重阳亭有如下记载：在州剑门驿东鸣鹤山上，唐刺史蒋侑建，李商隐作铭。宋治平中，太守张颂重修。元末毁，明正德中，知州李璧再建，今圮。云云。

还有日本文献的摘录：

3. 1902年9月至12月期间，伊东忠太博士路经此地。据他的记录，皇泽寺隔嘉陵江与广元县相望。其建造手法与龙门及千佛崖完全相同，不言而喻，为唐代所建。据传，这里是武则天的故乡，皇泽寺为武后所创。寺中有四大金刚，有佛祖龛，表现手法均体现了唐代之美。

佛祖龛内刻有后魏式佛像、高栏及天盖等，较之我国法隆寺式样，更有意思。云云。

以此表明，“佛祖龛内刻有后魏式佛像、高栏及天盖等，较之我国法隆寺式样，更有意思。”这段文字也源于伊东忠太博士的记录。

沿用第九卷的翻译方法，直接引用的汉文部分如与出典相符一律照搬，如有出入，一定仔细考证后择其正确者用之；摘译自典籍的，先按文言文格式翻译原文，再比对相关文献，如译文与出典完全吻合，即使日语原文中没有引号，译文也以引号标识，如前例1；如果作者摘译的部分在原典中存在但并非连续文字，本译文仍采用文言文格式，但不加引号，如前例2。

提笔进入翻译阶段，我时时为自己的孤陋寡闻而惭愧，刻刻为译文的词难达意而汗颜。之所以能坚持下来，一是有此套丛书的主编张明杰先生的信任，二是有华侨大学外国语学院副院长黄文溥先生的指点，更主要的是因为这本图书给我带来的文化感染与熏陶。读到好书，就产生与他人分享的欲望与冲动。但愿各位能从书中找到一些我们不曾目睹的文化瑰宝，找回一些我们无从查找的文化记忆。

郭举昆